재미있는 유아 목공활동

* 이 도서는 (주)삼원특수지 **얼스팩 295g**(사탕수수 100%), 전주페이퍼 **그린Light 100g**(재생펄프 사용)으로 제작되어 친환경적입니다.

woodworking

재미있는 유아 목공활동

이영환, 이수재, 황신해

소리내

책머리에

유아교사들은 아이들이 목공놀이에 관심을 보이고 열중한다는 것을 잘 알고 있지만 교육현장에서 유아들에게 목공놀이의 기회를 제공하는 것이 쉬운 일이 아니다. 교사가 목공놀이 경험이 부족할 뿐 아니라, 목공도구와 목재를 구하는 일이 번거롭고 유아 목공에 관한 적절한 교수학습자료도 찾아보기 어렵기 때문이다. 이 책에서는 수년 동안 유아들과 목공놀이를 진행해 오면서 경험한 시행착오를 바탕으로 목공 전문가가 아니라 유치원과 어린이집의 교사들이 유아들과 즐겁게 진행할 수 있는 목공놀이를 소개하고 있다. 쿵쿵 망치질하고 쓱쓱 톱질하는 기초적인 목공동작을 익히면서 주사위도 만들고 도미노도 만드는 작업에서부터 기초동작을 응용하여 유아들이 놀이에 사용할 수 있는 자동차나 배를 만들어 보는 목공활동에 이르기까지 유아의 발달수준에 적합한 단계적인 목공놀이를 제시하였다. 교사는 이 책을 순서대로 활용할 수도 있지만, 유아의 수준에 따라 적절하게 재구성하여 활동을 진행할 수 있을 것이다. 이 책을 집필하면서 필자들은 다음을 강조하였다.

첫째, 유아들이 단기간에 목공기술을 습득할 수 있을 것으로 기대하는 것은 무리이다. 따라서 유아 목공활동은 성인을 대상으로 진행하는 단기간의 목공 캠프나 목공 워크샵 형태가 아니라 어린이집과 유치원의 연간계획과 주간계획을 설정하여 유아를 위한 지속적인 놀이활동으로 전개되는 것이 바람직하다.

둘째, 목공 전문가가 중심이 되는 목공 수업에서는 멋진 목공작품을 수업의 결과물로 얻을 수 있지만 목공놀이를 통하여 유아가 성취감을 얻지는 못한다. 유아들이 흥미를 가지고 주도적이고 능동적으로 목공놀이에 참여할 수 있도록 하기 위하여 유아의 발달단계에 맞는 동작의 종류나 난이도를 고려하여야 한다. 이 책에서 소개하는 목공놀이는 목공전문가의 도움 없이도 유아교사가 충분히 유아들과 즐겁게 진행할 수 있다.

셋째, 목공놀이는 유아의 전인적 발달에 적합한 활동이다. 못박기, 톱질하기와 같은 활동을 통해 눈과 손의 협응능력, 소근육 발달, 주의 집중력을 기를 수 있다. 또한 나무 특성에 대한 관심을 자연탐구활동으로, 목공작품을 만들어가는 과정을 창의적인 예술경험으로 확장시켜 나갈 수 있다. 더욱이 목공놀이는 인간과 환경간의 상호 관계를 이해하고 환경보전을 위한 태도와 실천능력을 기르는 기회가 된다. 이 책에서는 목공놀이의 교육적 장점을 극대화하기 위하여 누리과정의 5개 영역과 연계하여 활동목표를 제시하였으며, 생활주제를 중심으로 목공놀이를 적용할 수 있는 사례도 포함하였다. 예를 들면 '교통기관'이 진행될 때 자동차나 기차, 배, 비행기와 같은 교통수단을 직접 디자인하고 목재를 활용하여 만들어 볼 수 있다.

넷째, 어린이집과 유치원의 보육·유아교육 현장에서 목공놀이가 활성화되기를 기대하는 마음으로 목공놀이에 사용되는 목재의 종류와 크기를 단순화하고 키트화하고자 하였다. 매 활동마다 다른 크기의 목재를 준비하는 것이 쉬운 일도 아니고, 교사가 가까운 목공소에서 수업에 사용할 목재를 구입하는 경우 일정규격의 목재를 다량 구입하는 것이 경제적이기 때문이다.

목공실에서 들려오는 망치질 소리와 톱질하는 소리, 그리고 "이것 봐! 내가 잘랐어!" "선생님! 매끈매끈해졌어요!"라고 외치는 유아들의 흥분된 소리로 어린이집과 유치원이 더 즐겁고 생기 가득한 곳이 되기를 기대한다.

저자 이영환, 이수재, 황신해

목차

책머리에 5

1. 유아를 위한 목공놀이 11

1. 유아발달과 목공놀이 15
2. 목공놀이의 교육적 의의 19
3. 나무는 꿈을 실현하는 가장 완벽한 재료 25
4. 목재의 종류와 특성 28

2. 유아 목공놀이를 위한 환경 39

1. 목공실과 목공 작업대 42
2. 유아 목공놀이에서 교사의 역할 46
3. 누리과정과 목공놀이 50

3. 목공도구 사용하기 67

1. 못박기 70
2. 자르기 74
3. 구멍뚫기 81
4. 다듬기 82

4.재미있는 유아 목공놀이 87

1.나무는 내친구 93

1.나무와 친해져요.[95] 2.숲 속 이야기 [102] 3.나무의 색이 달라요.[105] 4.나무에도 나이가 있어요.[108] 5.나무도 숨을 쉬어요.[112] 6.나무의 무게가 달라요.[116] 7.나무가 물에 떠요.[118]

2. 기초 목공놀이 123

1.목걸이[125] 2.뚝딱뚝딱 망치질[127] 3.두드려 보아요.[130] 4.샌딩블럭 만들기[134] 5.신기한 대패질[137] 6.쓱싹 쓱싹 톱질하세[140] 7.마음대로 잘라봐요.[142] 8. 선을 따라 잘라봐요.[144] 9.구멍을 뚫어 보아요.[146]

3. 응용 목공놀이 149

1.점이 모이면(I)[151] 2.점이 모이면(II)[153] 3.현판 만들기[157] 4.카프라[161] 5.도미노[166] 6.주사위[168] 7.나무로 만든 액자[174] 8.퍼즐[177] 9.냄비받침[181] 10.움직이는 자동차[184] 11.색팽이[189] 12.보물상자[193] 13.우리집[196] 14.기차[201] 15.세상을 잇는 다리[207]

그림 출처 213

chapter 1

유아를 위한 목공놀이

어린이집이나 유치원에서는 유아의 놀이를 촉진하기 위하여 실내 환경을 흥미영역별로 구성하고 있다. 목공놀이는 소꿉놀이나 적목놀이처럼 유아에게 인기 있는 놀이 활동이지만 설비 부족이나 안전 그리고 유아교사의 목공놀이 경험 부족 등의 이유로 보육·유아교육 현장에서 외면되어 온 것이 사실이다. 예를 들면 망치나 톱과 같은 목공도구는 유아들이 사용하기에 위험하다고 생각할 수 있다. 목공놀이 영역을 흥미영역의 한 영역으로 구성하기에는 여러 가지 문제가 따르기도 한다. 망치질이나 톱질을 할 때 발생하는 소리가 다른 흥미영역에서 놀고 있는 유아의 놀이 활동을 방해할 수 있다. 따라서 목공놀이를 위한 작업대를 배치하고 위험한 목공도구를 안전하게 보관하기 위해서는 목공놀이를 위한 별도의 공간이 요구된다. 교사가 목공놀이에 관심이 있더라도 유아를 위한 목공놀이를 안내하는 적절한 지도서나 프로그램을 찾기 어려우며 원하는 크기의 목재를 구하기도 쉽지 않다. 무엇보다 목공놀이 경험이 부족한 교사가 보육·교육 현장에 목공놀이를 도입하고 유아에게 목공놀이 경험의 기회를 제공하는 일은 매우 어렵다. 그러나 사실 목공놀이는 다른 어떤 활동보다 유아의 관심과 흥미를 유발하며 교육적 가치가 높은 활동으로서의 잠재력이 있다. 2~4세 정도의 유아는 나무 냄새를 맡거나 나무 조각 만지기, 쌓기를 즐기고 목공놀이 도구나 재료에 호기심을 나타내며, 5세 이후의 유아들은 특정한 사물을 만들고 싶어하고 처음부터 무엇을 만들겠다는 의도를 가지고 목공놀이를 시작할 수 있다.

아이들의 삶에서 놀이에 사용되는 시간이 줄어들고 있는 것에 대해 우려의 소리가 높다. 컴퓨터를 활용한 교육과 게임, 특히 최근 스마트폰의 등장으로 유아의 놀이문화는 점점 더 오락이나 게임 등 가상현실의 세계로 한정되고 있으며, 유아 스스로 일상생활 가운데 무엇인가를 직접 만들어내는 생산적인 체험활동의 기회가 줄어들고 있기 때문이다. 일찍이 교육철학자 루소는 유아가 하루동안 언어수업을 통해 얻는 것보다 한 시간의 수공(手工)작업으로 얻는 것이 더 낫다면서 노작의 중요성을 강조하였다. 교육학자인 듀이는 「Learning by doing」에서 아이들은 손이 뇌에 가까운 시기이고 정보를 손으로부터 뇌로, 뇌에서 손으로 끊임없이 교류해서 뇌의 창조적 영역을 자극시킴과 동시에 뇌에서 생각한 것을 자신의 손으로 실현함에 따라 만족감을 느끼고 자기실현을 꾀할 수 있다고 하였다. 자신의 손으로 만들어 낸 것에 대해 스스로 만족감과 성취감을 느끼고 자긍심을 체험할 수 있다는 점에서 어린 시기에 이루어지는 창조적인 노동의 중요성은 아무리 강조해도 지나치지 않는다.

목공놀이는 손과 두뇌와 신체로 학습하고 물건을 창작하는, 이른바 신체노동을 통한 생산적 활동이며 실용적 가치를 지니는 활동이다. 목공놀이를 하는 동안 유아는 먼저 만들고 싶은 작품을 생각하고 그림으로 그려보며 계획을 세운 뒤, 여러 가지 목공도구를 사용하여 작품을 만들어 나간다. 이 과정에는 수학적 지식, 미적 감각 등 기존의 모든 지식과 사고를 연결함과 동시에 심리적·신체적인 요소를 활성화하고 모든 능력을 총동원하여 세심하고 끈기있게 상호 연관시켜가게 된다. 목공놀이는 작품의 완성에 대한 성취감이 크지만 유아들에게는 못 박는 행동, 톱질하는 행동 그 자체만으로도 재미있고 다양한 탐구활동의 기회가 되며 교육적 의의가 있다. 여러 가지 목공 도구와 목재에 대한 유아의 호기심을 충족시키고 다양한 방법으로 무언가를 만들어내는 목공놀이 과정을 통해 유아는 생산적인 창조의 기쁨을 경험하며, 목공기술이 신장하면서 창의적인 문제해결 능력을 증진시킬 수 있다.

1

유아발달과 목공놀이

유아는 손과 눈의 협응이 잘 이루어져 일상생활에 필요한 여러 가지 행동을 할 수 있다. 숟가락, 젓가락의 사용과 혼자 옷을 입고 벗는 행위가 그 예이다. 2세가 되면 유아는 블록을 6~7층 쌓을 수 있으며, 유리잔을 혼자 잡을 수 있고, 크레용으로 선을 그릴 수 있다. 3세에는 던지는 공을 받으며, 옷의 단추를 풀고 신발을 신을 수 있다. 뿐만 아니라 크레용으로 도화지에 원을 그린다. 4세가 되면 혼자 옷을 입고 벗으며, 가위로 종이에 그려진 선을 따라 자를 수 있다. 우리나라 아동은 5세가 되면 대부분이 숟가락 사용이 가능하고 옷의 단추를 잘 채울 수 있으며 5세 유아의 75%는 젓가락을 사용한다. 이처럼 손과 눈의 협응으로 이루어지는 행동을 습득하려면 먼저 사물을 인식해야 하고, 그 다음 반복적인 감각 경험으로 가능하다. 유아의 서투른 숟가락질로 식사 시간이 오래 걸리고, 단추를 잘못 끼워 옷 입는 것이 답답하더라도 교사와 부모는 유아 스스로 할 수 있도록 한다.

5세 유아의 대 · 소근육발달

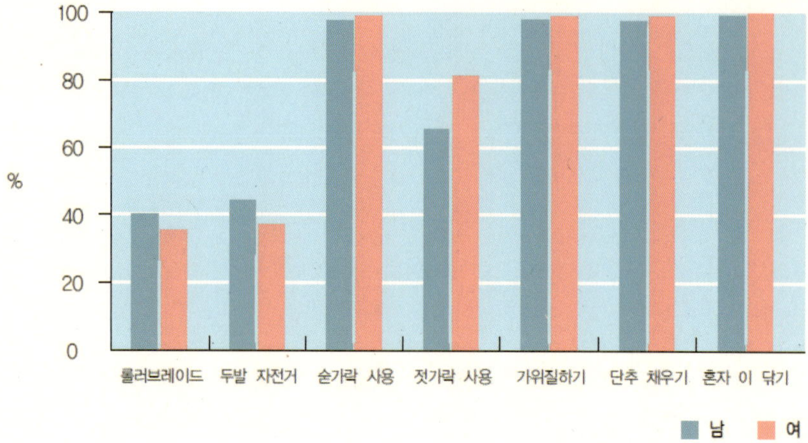

출처 : 조복희 등(2014). 유아발달, 교육과학사, p.87

나이에 따른 미세운동기술

2세	나사 모양의 장난감, 문고리, 수도꼭지 등을 기능에 따라 잘 조작한다.
2½세	미숙하게 원을 그릴 수 있다. 종이에 수직선과 수평선을 모방할 수 있다.
3세	앞 단추를 풀 수 있다. 원을 따라 그린다.
3½세	사각형을 따라 그릴 수 있다. 가위를 사용하고 간단한 퍼즐을 완성할 수 있다.
4세	사각형을 그릴 수 있다. 앞 단추를 채울 수 있다.
4½세	삼각형을 알아볼 정도로 그릴 수 있다.
5세	단추를 잘 채울 수 있다.

출처 : 조복희 등(2014). 유아발달, 교육과학사, p. 83

〈표〉 연령별 기능 획득률

기능분류	연령에 따른 기능획득률(%)									
	1세	2세	3세	4세	5세	6세	7세	8세	9세	10세
숟가락 사용 가능	81.2	100								
젓가락 사용 가능	30.3	75.9	69.6	98.6						
가위로 모양 오려내기		2.7	27.6	70.5	92.1	93.3				
두꺼운 종이 자르기			11.1	31.4	59.4	81.9	91.3			
연필깍기			2.5	20.8	48.3	68.9	92.2			
톱질				2.1	25.3	48.8	65.5	85.3	91.5	
2치(약6cm)못 박기					2.8	15.2	23.3	50.8	67.8	85.8

출처 : 橘田줄洋(1990)이 제시한 연령에 따른 기능획득률(재인용 황의도, 2003)

1장

위 표를 보면 목공놀이의 과정에서 주요한 동작을 차지하는 톱질과 2치(약6cm)못 박기는 만 5세 유아의 경우 각각 25.3%, 2.8%의 낮은 획득률을 나타내고 있다. 그러나 동작의 난이도를 고려하고 목재의 강도와 두께, 못의 길이, 도구의 무게와 크기 등을 유아의 발달 수준에 맞게 적용하면 유아들이 즐겁게 목공놀이를 할 수 있다.

유아의 발달 단계에 맞게 동작의 종류나 난이도를 구성하여야 유아가 목공놀이에 열중할 수 있다. 외국의 경우 2~3세 영유아들을 대상으로 목공놀이를 진행하는 경우도 있다. 고사리같은 작은 손으로 가볍고 부드러운 발사나무를 사포로 문질러 배를 만드는 모습을 볼 수 있다. 유아의 발달수준을 넘어서는 목공놀이는 성인에 지나치게 의존적인 활동으로 진행하게 되어 흥미를 잃어버리거나 오히려 좌절감을 줄 수도 있다. 따라서 유아가 기능을 획득하는 단계에 맞게 아이들의 신체적 기능과 인지적 능력의 수준에 맞는 동작과 목공놀이로 구성하는 것이 중요하다. 매력과 성취감을 느끼며 지속적인 목공놀이를 하기 위해서는 프로그램의 구성과 진행을 유아 중심적으로 설계하여 단계적으로 기능을 습득할 수 있도록 하며, 놀이시간을 충분히 할애하는 것이 중요하다. 정문자, 이숙재, 지혜련(1987)은 유아의 목공활동 발달단계를 목공활동에 관심을 보이는 단계, 목공활동 단계, 그리고 생산단계 등 3단계로 분류한다.

제1단계 2~3세 유아들은 목공활동 과정에 관심을 보이기 시작한다. 작품제작에는 별 관심이 없지만 나무 조각에 나름대로 이름을 붙여보고, 나무 조각을 쌓고 무너뜨리는데 흥미를 보인다. 이 단계의 유아들은 모든 감각기관을 동원하여 목공활동 도구와 재료를 탐색한다.

제2단계 4세 유아들은 목공활동 도구나 재료에 대한 호기심이 충족되면 톱질을 하여 나무를 자르고 접착제와 못을 사용하여 목공활동 재료를 덧붙이는 활동을 좋아한다. 자신이 만든 작품에 이름을 붙이기도 하며 목공활동 과정에서 발생하는 변화를 경험하고 즐거워한다. 톱질 과정에서 발생하는 톱밥을 보면서 아이들은 "선생님! 가루가 생겼어요!"라며 신기해 하기도 하며, "선생님, 만져보세요! 부드러워졌어요!" "선생님, 이거 내가 잘랐어요!" 라며 자신을 뿌듯하게 여긴다.

제3단계 5세 정도의 유아들은 제법 특정한 의도를 가지고 목공활동을 시작한다. 물론 목공활동 과정에서 처음 생각한 의도대로 작품이 만들어 지지 않을 수 도 있다. 목공활동 도중 우연하게 잘려진 나무토막을 보면서 "이거는 주사위야!"라고 말하기보다 이제 유아는 주사위를 만들기 위해 톱질을 한다는 의미이다. 목공활동을 많이 경험하는 유아는 제법 복잡한 형태의 작품을 만들 수 있게 된다. 그러나 유아들에게는 목공활동에서 얻어지는 결과물도 중요하지만 목공활동 과정 자체에 대한 관심과 흥미가 더 중요하며 의미가 있다.

2 목공놀이의 교육적 의의

목공놀이는 유아의 신체적 발달을 돕는다. 목공테이블 위에 바이스를 사용하여 목재를 고정시키기, 톱을 이용해서 목재를 자르기, 망치로 못을 박아 목재를 연결하여 고정시키기, 사포로 목재를 다듬기 등 목공놀이의 기초동작은 눈과 손의 협응력과 신체의 대 · 소근육 발달을 돕는다. 목공놀이의 기본 동작들은 모두 손목과 손, 팔과 다리의 힘을 적절하게 가하고 빼는 과정을 반복하면서 몸의 균형을 유지하여야 하기 때문에 자신을 통제하고 조절하는 능력을 키우는데 매우 도움이 된다. 유아가 톱으로 목재를 자르는 과정에서 흔히 하는 실수는 힘을 주어 톱질을 하는 것이다. 이런 경우 교사는 "힘을 빼고 부드럽게 당기세요"라며 톱을 밀고 당길 때 힘의 세기가 다르다는 것을 유아가 경험할 수 있도록 해 준다. 처음 망치를 사용하는 유아는 대부분 작은 동작으로 빠르게 망치질을 한다. 이런 경우 교사는 '콩콩콩'이 아니라 "쿠~웅 쿠~웅 쿠~웅 망치질하자"라며 시범을 보여준다. 처음에는 유아가 톱질과 망치질이 서툴러 소심하게 행동하고 어려움도 느끼지만, 여러 번 반복하여 목공활동을 경험하면서 목공기술이 숙달되면 "내가 했어요! 나는 할 수 있어요!"라는 말을 자주 하기 시작한다. 망치질이나 톱질 할 때 비뚤게 박아지거나 원하는 방향에서 빗나가서 잘라지는 경우도 있다. 처음에는 교사의 도움을 요청하지만 점차 유아는 망치질과 톱질하는 자세를 스스로 교정하면서 망치와 톱의 방향을 바르게 조절할 수 있게 된다. 사실 목공놀이는 위험한 목공도구를 다루는 활동이기 때문에 못을 박거나 톱으로 목재를 자르는 과정에서 주의를 집중하여야 가능한 활동이다.

톱질할 때 생기는 톱밥과 대패질할 때 나오는 대패밥도 유아를 흥분시킨다. 교사는 이런 모든 과정을 통해서 유아가 물체의 물리적 변화과정의 원인과 결과를 직접 관찰할 수 있는 기회로 적극 활용한다. 나무를 자르는 방향에 따라 나이테의 무늬가 달라지는 것을 관찰해 보자. 또한 둥글게 말려있는 대패밥을 물에 넣으면 물이 흡수되면서 펼쳐져서 길다란 모양이 되는 과정을 유아들과 함께 관찰해 보라. 다양한 종류의 나무막대를 똑같은 크기로 잘라 물에 띄워보면 물에 뜨는 정도가 모두 다르다는 것도 쉽게 관찰할 수 있다. 간단한 목공활동을 수·과학탐구활동으로 얼마든지 확장시킬 수 있는 것이다.

또한 목공놀이는 리듬이 있는 활동이다. 쾅쾅 못을 박는 망치질 소리, 쓱싹쓱싹 톱질하는 소리, 쓰윽쓰윽 사포질하는 소리 등 교사가 목공 동작을 리듬으로 표현하면서 시범을 보여주면 유아들이 더 쉽게 따라할 수 있다. 유아로 하여금 자신이 만들어내는 소리에 집중하고 그 소리를 표현해보도록 하는 것도 좋은 방법이다. 다양한 목공도구에 따라 소리가 어떻게 서로 다른가? 움직임의 속도와 세기에 따라 소리의 차이가 있는가? 유아는 자신의 움직임으로 생기는 다양한 소리에 쾌감을 느끼게 된다. 이처럼 목공놀이는 누리과정의 신체운동 영역, 사회관계 영역, 의사소통영역, 예술영역, 자연탐구영역 등 모든 영역을 통합적으로 적용할 수 있다는 장점이 있다.

다중지능을 향상시키는 목공놀이

유아가 주위에 있는 나무막대나 나무토막, 심지어 나뭇가지를 이용하여 무엇인가를 만들어 보는 경험은 유아의 창의성 발달을 돕는 중요한 기회가 된다. 원재료 상태의 단순한 나무토막에 새롭고(new) 독창적인(original) 아이디어를 적용하면서 유아는 새로운 무언가를 창조한다. 목공놀이는 완성된 장난감을 제시된 방식으로, 예컨대 스위치로 조작하는 놀이가 아니라 유아가 자신의 관심과 아이디어를 투입하여 무언가 새로운 것을 만들어 내는 생산적이고 창의적인 과정이다. 이러한 과정에서 유아는 다양하고 융통적인 사고와 다른 사람들과는 다른 자신만의 독창적인 아이디어를 키워나갈 수 있다. 사실 종이를 사용하는 조형활동은 2차원 평면을 부피가 있는 3차원 입체로 구성하는 과정에서 두께를 고려할 필요가 없다. 그러나 목재를 사용하는 조형활동에서는 가로, 세로, 길이의 3차원을 고려해야 하며, 판재를 사용하여 입체를 구성할 때도 목재의 두께가 있기 때문에 많은 시행착오를 경험하여야 한다. 이러한 과정은 유아로 하여금 목재의 무게, 부피, 길이, 넓이 등을 경험하게 할 뿐 아니라 다양한 문제해결 경험의 기회를 제공한다. 이처럼 유아는 자신이 계획한 것을 만드는 목공놀이 과정에서 여러 가지 문제에 부딪치게 되며, 여러 번의 시행착오를 거쳐 문제를 해결하는 과정을 통해 아이디어를 정교화해 나갈 수 있다.

목공놀이는 그 결과물이 실제 생활에 사용된다는 점에서 더욱 매력적이다. 종이나 찰흙으로 만든 작품은 쉽게 부서지고 단지 상징적인 의미가 있지만(종이로 만든 의자는 보기에 의자일 뿐 실제로 앉을 수 있는 의자가 아니다), 나무로 만든 의자는 유아가 매일 앉으면서 "내가

만든 의자"임을 확인하고 성취감을 느낀다. 성인들만 사용하는 것으로 알았던 위험한 목공 도구를 사용해서 내가 앉는 의자를 만들었다는 점에서 유아는 흥분과 동시에 자신을 자랑스럽게 생각하게 된다. 이러한 경험을 통해 유아는 커다란 성취감, 자신감, 만족감 등 긍정적 자아개념을 갖게 된다. 유치원에서 목공활동에 참여했던 5세 유아는 아빠에게 다음과 같은 편지를 보냈다.

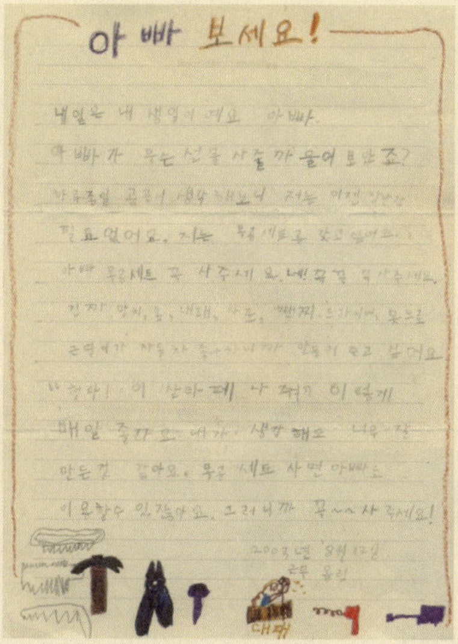

아빠, 보세요!
내일은 내 생일이예요, 아빠.
아빠가 무슨 선물 사줄까 물어보았죠?
하루 종일 곰곰이 생각해 보니
저는 이젠 장난감이 필요 없어요
저는 목공세트를 갖고 싶어요
아빠, 목공세트 꼭 사주세요
진짜 망치, 톱, 대패, 사포, 펜치, 드라이버, 못으로
근영이가 자동차 좋아하니까 만들어 주고 싶어요.....
목공세트 사면 아빠도 이용할 수 있잖아요.
꼭~~~사 주세요

목공놀이 시작 단계에서 교사는 유아로 하여금 목재의 부드러운 질감을 느껴보고 목재 냄새를 맡아보며, 우리 생활에서 나무로 만들어 진 것을 찾아보는 등 유아가 나무와 친숙해지고 나무와 인간생활에 대한 관계를 새롭게 인식할 수 있도록 격려하는 것은 중요하다. 목재는 유아들이 입에 넣어도 안전한 친환경적 재료이기 때문에 유아가 촉감, 냄새, 소리 등 목재에 대한 감각적 경험을 충분히 하도록 할 수 있다. 또한 목재는 재활용이 쉽고 썩을

수 있기 때문에 자연으로 환원시킬 수 있으며, 다시 자연으로부터 영속적으로 얻을 수 있는 친환경 자원이다. 환경 친화적인 가치관은 교육을 통해 어렸을 때부터 내면화될 때 가장 효과적이다. 따라서 친환경 재료인 목재를 자연스럽게 접하고 이를 활용하는 목공활동은 유아들에게 자연과 더불어 사는 마음자세를 키우는데 도움을 줄 수 있다.

3

나무는 꿈을 실현하는 가장 완벽한 재료

나무는 유아의 흥미를 유발할 수 있으며 유아의 신체에 무해한 친환경적인 천연재료이므로 만들기 재료로서 적합하다. 우리가 생활하는 주변환경을 찾아보면 나무로 만들어진 물건들이 매우 많다는 점을 새롭게 깨닫는다. 유아들과 함께 교실에서 나무로 만들어진 것들을 찾아보는 활동을 해 보자. 교실의 바닥과 책상, 의자, 블록영역의 나무블럭과 퍼즐판, 장구와 북, 피아노와 바이올린 같은 악기.....유아의 경험의 폭을 넓혀보면 목조주택에서부터 김밥을 먹을 때 사용하는 나무젓가락까지 크고 작은 목재 제품이 끊임없이 나온다. 영화나 TV 드라마의 경험까지 동원하면 밥그릇과 밥상, 수저와 젓가락, 신발, 나무지게와 물통....나무가 없었으면 아마도 일상생활이 불가능했을 것이다. 나무로 만들어진 물건 중에서 유아가 놓치기 쉬운 것은 종이와 옷감이다. 우리 조상들이 즐겨 입었던 삼베와 모시, 역사를 기록하고 지식을 보급하는데 기여한 펄프와 우리나라의 한지는 나무와 인간생활에서 빠질 수 없는 주제이다. 그러나 여기서는 목공활동에 초점이 있기 때문에 유아가 나무의 물리적 상태를 눈으로 볼 수 있는 목제품에 초점을 둔다.

주위에서 쉽게 볼 수 있는 나무는 사실 마술로 가득 차 있다. 사람들은 아주 옛날부터 우리가 생각할 수 있는 대부분의 것들을 모두 나무로 만들어 왔다. 세상에서 가장 큰 날개를 가진 대형 비행기 "Spruce Goose" 몸통이 나무로 되어 있고, 1885년 독일에서 만든 세계 최초의 자전거 바퀴와 몸체도 나무로 되어 있다.

미국의 뉴욕 마천루 아래에는 목재로 만든 물탱크가 건물 옥상에 1만 개 이상 있다고 한다. 기후변화가 심한 뉴욕의 물탱크 재료로 온도와 습도에 신축성이 있는 목재가 적당하기 때문이다. 목재로 만든 물탱크는 경제성이 약간 떨어지기는 하지만, 결로가 생기지 않고 부식성이나 가공성도 뛰어나다. 여기에 목재는 가벼워서 작업하기 쉽다. 사실 플라스틱이나 금속이 발달되기 이전에 우리 선조들은 목재로 물통이나 그릇을 만들어서 사용하였고, 목욕통도 목재로 제작하여 사용하였다. 일본에서는 오늘날에도 목재로 된 밥그릇을 많이 사용한다. 목재로 만든 그릇에 밥을 보존하면 여분의 수분을 흡수하고 열을 빼앗기지 않으려는 성질이 있어 오랫동안 밥이 맛있게 보존된다. 서양에서는 와인, 브랜디, 위스키 등을 만들 때 술통으로 참나무를 사용하였다.

목재는 다공성이기 때문에 단열성과 보온성이 우수하며 가볍다. 평균 목재의 열전도율은 철의 약 1000분의 1, 콘크리트의 10분의 1 정도에 불과하여 단열성이 우수하며 온도가 낮아지면 강도가 더 증가한다는 특징이 있다. 남극 기지의 건축물을 철골조로만 짓는다면 열전도율이 높기 때문에 엄청나게 추운 바깥온도가 전도되어 아무리 실내난방을 하여도 쉽게 열이 손실되어 버릴 것이다. 그래서 남극기지는 단열성이 좋고 가벼워서 운반과 시공이 용이한 목재를 많이 활용한다. 철이나 콘크리트와 비교하여 목재는 가벼운 재료이다.

이처럼 목재는 감각적으로 따뜻함, 부드러움, 가벼움 등 친숙하고 호감이 가는 재료로서 우리의 주변 환경을 윤택하게 해준다. 목재는 감각적, 정서적으로 좋은 느낌을 주어 사람들과의 친화성이 높을 뿐 아니라 인체에 무해한 천연재료로서의 가치가 있다. 또한 소규모의 시설, 설비에서 수공구를 사용해서 자르기, 깍기, 구멍뚫기, 접합하기, 연마 등이 가능하며, 실용강도가 있어서 종이로 만들면 사용할 수 없지만 목재로 만들면 실제로 사용할 수 있는 실용성을 갖는다.

4

목재의 종류와 특성

나무는 다양한 종류와 특성이 있지만 공통적으로 기본적인 강도와 아름다운 나뭇결이 있다. 다양한 나무들을 직접 만져보고 다루어 보면서 나무가 주는 촉감과 향기를 느껴보는 기회를 가져 보도록 하자. 나무의 기본 특성에 대한 용어는 다음과 같다.[1]

- 비중은 같은 부피의 물에 비해 얼마나 무거운가를 나타낸다. 나무가 물에 뜨는 이유는 비중이 1보다 작기 때문이다. 일반적으로 비중이 높은 나무가 단단하다.

- 표면강도는 쇠공이 떨어져 나무에 박히는 힘의 크기를 나타낸다. 숫자가 클수록 표면강도가 좋은 것이다.

1 http://www.wood-database.com/

● 파괴계수는 판재의 가운데에 얼마나 힘을 가해야 부러지는지를 나타낸다. 역시 숫자가 클수록 튼튼한 나무이다.

● 탄성계수는 나무가 얼마나 잘 휘는지를 나타낸다. 값이 클수록 잘 휘지 않는다. 탄성계수가 작은 나무는 선반으로 쓸 때 지지 기둥이 없으면 축 처질 가능성이 있다.

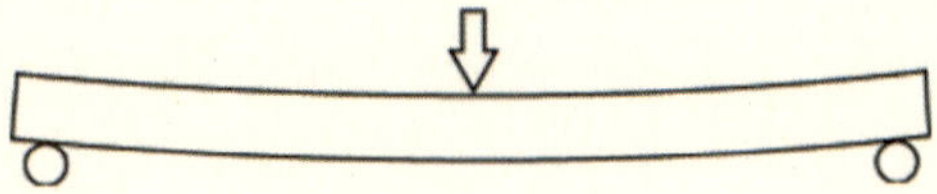

● 압축강도는 얼마나 큰 힘으로 판재의 양끝에서 압축을 해야 부러지는지를 나타낸다. 거의 모든 나무는 아주 높은 압축강도를 가지기 때문에 큰 의미는 없다.

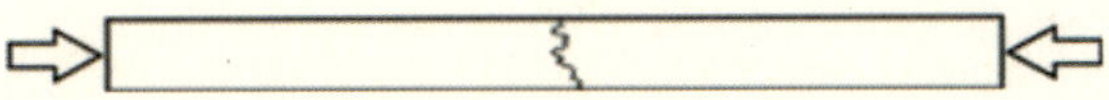

강도가 높은 목재는 유아들이 톱질이나 못박기 활동에서 어려움을 느낄 수 있으므로 가능한 한 가공이 쉬운 부드러운 수종으로 준비해야 한다. 목재 종류는 대표적으로 소프트우드와 하드우드로 나뉜다. 소프트 우드는 가문비나무, 소나무, 전나무, 삼나무, 낙엽송, 미송 그리고 하드우드는 자작나무, 마호가니, 호두나무, 오크, 단풍나무를 들 수 있다. 나무의 종류에 따라 색깔도 다르고 나이테도 다르며 비중도 다르다.

오동나무는 우리나라 중부 이남의 따뜻한 곳에 주로 심는 낙엽활엽수 교목으로, 나무의 높이는 15~20m, 지름은 80cm까지 이른다. 15~20년 정도면 베어서 쓸 수 있을 만큼 빨리 자라며 목재는 비중이 0.3정도로 가볍지만 나무결이 곧고 갈라지거나 비틀림이 없으며 습기, 벌레, 부식, 화재 등에 강하며 탄력성이 높고 음향효과가 우수하며 마찰에 강하다. 잎이 넓은 오동나무는 나이테가 뚜렷하여 무늬가 아름답고 홍백색을 띄고 있다. 이처럼 오동나무는 가볍고 부드러우며 재질이 좋아 예부터 전통 가구나 거문고와 가야금 등의 악기 및 군기(軍器)에 긴요하게 씌여진 목재이다. 옛날에는 딸을 낳으면 마당에 오동나무 3그루를 심었다고 한다. 딸이 자라서 시집갈 때 혼수로 장롱을 만들어 주기 위해서이다.

조선시대에는 고급 관리들이 향교에 있는 오동나무를 탐내어 베어내었다가 벼슬 마저 잃어 버리고 수모를 당하기도 하였다. 명종15년(1559) 영천 군수 심의검은 거문고를 만들려고 향교의 앞뜰에 있는 오동나무를 베었다가 "성묘 앞에 있는 오래 묵은 오동나무를 아무런 까닭 없이 하루아침에 베었으니 무례하고 무식하다"며 파면당하였다. 현종11년(1670)에도 "남포 현감 최양필이 거문고 만들 재목으로 향교의 오동나무를 벤 죄를 논핵하여 파직시킬 것을 청하였는데, 임금이 이에 따랐다"는 기록이 있다.

[그림 1-1] 오동나무

소나무는 우리나라 사람이 가장 가까이 지내는 나무이다. 아기가 태어나면 금줄에 솔가지를 꽂아 탄생을 알렸으며, 마른 솔잎으로 불을 지펴 밥을 지었고 긴 겨울 온돌방을 뎁혀 추위를 이겼다. 소나무로 만든 그릇에 밥을 먹었고, 소나무로 만든 나막신을 신고 생활했으며, 소나무로 지은 집에서 살았고, 생을 마감할 때도 소나무로 만들어진 관에 들어가 땅 속에 묻혔다. 농경사회를 지탱하는 여러 농기구는 물론 오두막이나 초가삼간 또는 사찰이나 궁궐 등 집을 지을 때 소나무를 사용하여 기둥을 세웠다. 오늘날에도 우리나라 사람들이 가장 좋아하는 나무는 소나무이다. 2014년 한국갤럽에서 가장 좋아하는 나무를 물어본 결과 절반에 가까운 46%가 소나무라고 답했으며 그 다음으로 2위를 차지한 은행나무는 8%에 그쳤다. 우리나라는 어디를 가나 소나무에서 풍기는 진한 솔향은 소나무를 선호하는 중요한 이유가 되며 이러한 향을 내는 송진은 소나무 목재의 내구성도 크게 높여준다.

소나무는 나무 결이 곱고 나이테가 뚜렷하고 무늬가 고우며 내구성이 있다. 사이의 폭이 좁으며 강도가 크며, 잘 뒤틀리지 않으면서도 벌레가 먹지 않으며 송진이 있어 습기에도 잘 견디며, 마른 후에도 갈라지지 않는 좋은 목재이다. 홍송은 붉은 빛을 지닌 소나무로 시간이 지날수록 고풍의 은은한 붉은 색이 나타난다.

[그림 1-2] 소나무

1장

낙엽송은 우리나라에 지금까지 인공조림 된 나무들 중에서 가장 많은 면적을 차지하고 있는 나무 중의 하나이다. 낙엽송은 빨리 크면서도 수간이 통직하고 짧은 기간 내에 많은 목재를 생산할 수 있으며 병충해에 강하기 때문이다.

낙엽송은 일본잎갈나무로 일본이 원산지이며 우리나라에 가장 많이 재식되어 있는 낙엽성 침엽교목이다. 키는 30m, 지름은 1m 까지 자라며 가지는 조금 위쪽을 향해 나란히 달리며, 수피는 두꺼운 비늘처럼 갈라져있다. 초록색의 잎은 10여장 이상씩 모여 달리며, 잎은 길이가 1.5~3.5㎝이며, 뒷면에 기공성이 있다. 꽃은 5월에 타원형의 암꽃송이와 구형 또는 난형의 수꽃송이가 같은 가지 끝에 1개씩 핀다.

[그림 1-3] 낙엽송

소나무, 잣나무처럼 우리가 알고 있는 침엽수는 바늘같은 뾰족한 잎을 가지고 있는 상록수이다. 그래서 우리는 침엽수는 당연히 상록성인 늘 푸른나무일 것이라고 생각하는데 낙엽송은 예외이다. 낙엽송은 침엽수이지만 가을이면 물들고 잎이 떨어지는 낙엽수이다. 낙엽송은 남쪽에서 목재를 쓰기 위해 많이 심었다. 낙엽송을 많이 심었던 이유는 빨리 곧게 자라므로 예전에 철도 침목이나 전봇대를 나무로 하던 시절에 꽤 쓰임새가 있었다. 산천이 온통 황폐지였던 시절, 낙엽송은 빨리 자라 숲을 이루고 산림을 푸르게 한 공로가 크다.

느티나무는 우리나라 시골의 마을 입구에 있는 정자나무이다. 예나 지금이나 여름의 휴식처로 느티나무만한 것이 어디 있겠는가. 이문집(異聞集)에는 다음과 같은 이야기가 나온다.

당 나라 때 순우분(淳于芬)이 어느 날 술이 취해 집 앞 느티나무 밑에서 쉬게 되었다. 괴안국(槐安國)에서 왔다는 사신을 따라 그 나라로 갔다가 국왕의 사위가 되었고 남가군수(南柯郡守)로 임명받아 임지에서 20년을 보냈다. 전지에서 적과 싸워 패하였고 공주마저 죽자 쓸쓸히 돌아오는데 깨어나니 꿈이었다. 느티나무 밑에 텅 빈 개미굴이 있었는데 왕개미 한 마리만 남아 있었다. 꿈속의 괴안국이란 바로 개미굴이었던 것이다. 시원한 느티나무 밑에 있으면 나른한 졸음이 오고 잠깐 동안이지만 노동 뒤에 오는 피로를 풀기에 이보다 더 좋은 곳이 없을 것이다.

서양에서 월계수를 신성시하듯 우리나라에서는 느티나무를 때로는 영목(靈木)으로, 귀목(貴木)으로, 또 신목(神木)으로 신령한 나무로 받들어 오고 있다. 천연기념물로 지정된 우리나라 명목으로는 느티나무가 으뜸에 속한다. 키가 25m이고, 지름이 3m에 이른다. 느티나무는 굵은 줄기에 섬세한 가지가 많이 발달해서 모양이 보기 좋다. 느티나무는 수명이 길기 때문에 오래 살아 천연기념물이나 노거수(老巨樹:수령이 많고 커다란 나무)로 지정되어 보호받는 나무가 많다. 강원도 삼척(제95호), 경상남도 남해(제276호), 전라북도 김제(제280호) · 남원(제281호), 제주특별자치도 성읍리(제161호) 등에 약 450~1000년 된 느티나무 노거수들이 천연기념물로 지정되어 있으며, 대부분 마을을 수호하는 나무나 정자나무의 역할을 하고 있다.

[그림1-4] 천연기념물로 지정된 대전 괴곡동 느티나무

느티나무 목재는 무늬와 색상이 아름답고 무게가 있어서 가구재를 비롯해 조각재, 악기재로 이용된다. 내공성이 뛰어나며 결이 곱고 잘 썩지 않으며 벌레도 없다. 또한 마찰에 강하여 고가구나 생활소품(식기, 젓가락, 숟가락, 컵 등)으로 많이 쓰이고 있다. 살아있는 소나무의 기상은 널리 알아주지만 죽은 나무로서는 느티나무가 으뜸이었다. 서민은 살아 생전 소나무로 만든 집에서 소나무로 만든 가구를 놓고 소나무로 된 기구를 쓰다가 죽어서도 소나무 관에 묻히지만, 양반은 느티나무로 지은 집에서 느티나무 가구를 놓고 살다가 느티나무 관에 실려 저승으로 간다는 이야기가 있다.

편백나무는 피톤치드를 떠올리게 하는 나무이다. 피톤치드는 식물이 병충해나 해충으로부터 자기자신을 보호하기 위해 내뿜는 물질이다. 피톤치드의 주성분은 테르펜 물질로 항균이나 항염작용을 한다고 하여 편백은 가구나 인테리어 소재로 인기있는 목재이다. 편백나무의 피톤치드 함량은 2.4%로 삼나무의 1.5배, 소나무의 4배로 인체가 흡입하면 쾌적함을 느낄 수 있다. 일본에서는 히노끼라고 부르며 최고급내장재로 사용된다. 삼나무와 마찬가지로 부드럽고 가벼우며, 모양변화가 적고 가공성이 뛰어나며, 내수성이 뛰어나 욕조로도 가공을 많이 한다.

1장

[그림 1-5] 편백나무

발사 나무는 목재 중 가장 가볍고 연하여 유아들이 목공활동하기에 적합하지만 열대지방에서 자라는 나무로서 수입재이다. 남아메리카 열대우림지역에서 자라는 나무로서 계절에 변화가 없어 온대지방에서 자라는 나무와 달리 나이테가 보이지 않고 옹이가 없어서 깍고 다듬기에 좋다. 발사란 뗏목이나 부유물을 뜻하는 스페인어로 남미사람들은 예전부터 발사나무를 깎아서 물에 띄워 배로 타고 다녔다. 코르크보다 발사의 목재 부력성이 2배나 강하기 때문에 잠수부의 생명줄이나 구명 재킷 등 구명기구를 만드는 데 매우 좋다. 또한 탄력이 좋아서 충격 흡수 물질로도 널리 쓰이는데 가구나 이와 비슷한 물건들을 포장하거나 기계류를 설치할 때 받침목으로 사용된다. 가벼운 중량을 요구하는 모형 항공기나 배 모형, 최고급 낚시 찌 등을 제작하는데도 발사나무를 많이 사용하고 있다.

[그림1-6] 식탁과 의자, 벽면은 물론 어닝까지 발사나무로 인테리어를 한 방콕의 식당

발사나무는 부드럽기 때문에 문구용 칼로 연필 깎듯이 원하는 모양을 깎아낼 수 있으며 사포로 문질러 쉽게 다듬을 수 있다. 외국에서는 2~3세 어린 영유아들이 발사나무를 사포로 다듬어 다양한 작품을 완성하는 목공활동이 보육실에서 자주 이루어진다. 이제 국내에서도 발사나무를 수입하여 판매하는 업체가 많이 있어서 원하는 크기의 발사 목재를 쉽게 구할 수 있다.

나무이름 (비중)	목재	특징
홍송 Red Pine (0.55)		✓ 우리나라, 북유럽, 중국의 산간지방, 러시아 등 추운 지방에서 자라는 소나무 ✓ 추운 지방에서 자라기 때문에 성장 속도가 느려 나이테가 좁고 촘촘해서 아름답다. ✓ 가공할 때 강한 송진향이 난다.
가문비 나무 Sprus (0.41)		✓ 소프트우드로 무게에 비해 강도가 좋아 목조건물 골격으로 많이 사용됨 ✓ 전반적으로 흰색 목재이며, 약간의 노란색 혹은 붉은색 기운이 있음. ✓ 나무결이 아름답고 작은 옹이가 특징
삼나무 Cedar (0.37)		✓ 비중이 작아 가볍고 무른 나무이지만 향도 좋고 물에 강해 내장재로 사용된다. ✓ 심재는 갈색에 가깝고, 변재는 흰색에 가까울 정도로 다양한 색상을 보여주는 나무
참나무 Oak (0.81)		✓ 가구나 바닥재나 인테리어 마감재로 사용 ✓ 가공성이 최고인 목재로 변형이 적어 가구로 만들었을 때 뒤틀림이 적다. ✓ 원래 색상은 노란색을 띈 밝은 황색 ✓ 나무결이 많이 있는 것이 특징

자작나무
Silver Birch
(0.66)

✓ 색이 밝고 나뭇결이 은은하며 견고하다
✓ 집성판재와 합판 모두 테이블 상판 등으로 활용되며, 특히 자작나무 합판은 수축과 변형이 거의 없고 집성판재보다 강도가 두배 이상 높다

호두나무
Walnut
(0.56)

✓ 초콜렛과 같은 어두운 흑갈색.
✓ 나무결이 한 방향으로 일정하고, 거칠며 수축력이 적어 좋은 목재이다.
✓ 가공력이 뛰어나서 가구 뿐 아니라 여러 종류의 용도로 사용한다.

미송
Pine
(0.45)

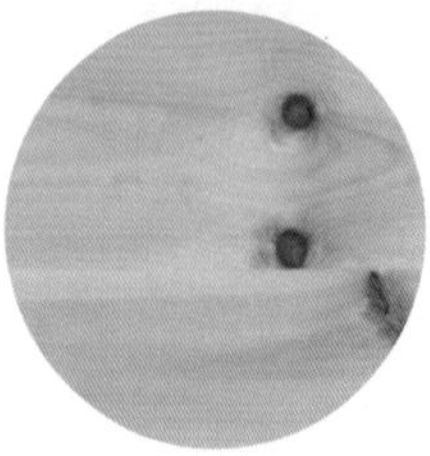

✓ 부드러움과 향기가 좋고 색상이 밝아 인테리어 및 목조주택에 많이 활용된다.
✓ 강도가 약해 가구로 만들었을 때 찍힘이나 스크래치에 약한 편
✓ 송진이 나오며, 옹이가 많다

편백
(0.44)

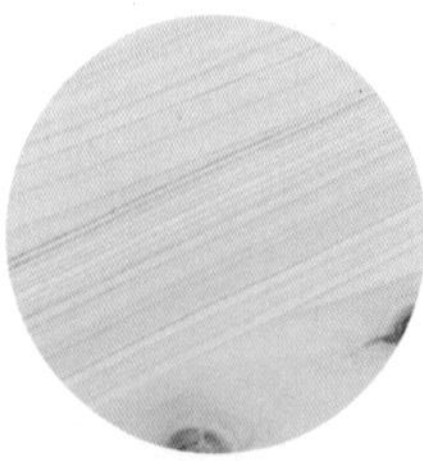

✓ 피톤치드 함량이 높아 집안의 가구나 인테리어 소재로 인기있는 목재이다.
✓ 삼나무와 마찬가지로 부드럽고 가벼우며, 모양변화가 적고 가공성이 뛰어나며, 내수성이 뛰어나 욕조로도 가공을 많이 한다.

느티나무
(0.68)

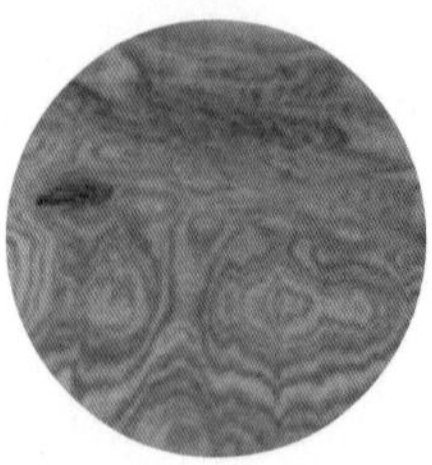

✓ 색상은 노란색과 붉은색 심재와 변재의 구분이 확실하고 심재는 황갈색의 아름다운 색조가 보이며, 윤이 나고 잘 썩지 않는다.
✓ 목질이 단단하며 나뭇결이 아름다워 우리나라 전통가구재로서 최우량재에 속한다

chapter 2

유아 목공놀이를 위한 환경

목공놀이는 잠재적인 위험을 지니는 활동이다. 그러나 도구의 적절한 사용에 대한 지도와 감독이 잘 이루어지고 규칙을 잘 지킨다면 안전하게 수행될 수 있다. 어린 유아들도 목공놀이에 집중하고 열정을 가지고 작업에 임한다. 교사가 유아에게 안전하게 도구를 사용하는 법을 보여주고 이를 잊지 않도록 자주 상기시켜 주며, 필요할 때 도움을 제공해 준다면, 유아 스스로 멋진 작품을 만들고 즐거워하는 모습을 보게 될 것이다. 목공놀이에서는 어린 아이들도 도구를 잘 사용할 수 있다고 믿어주는 신뢰가 필요하다. 안전한 목공활동은 유아에게 적합한 크기의 목공 작업대, 바이스, 눈 보호 안경, 망치질을 하기 위한 독립된 공간 등을 포함하는 적절한 물리적 환경에서부터 출발한다. 유아가 목공실에 도착하기 전에 먼저 목공실 환경을 준비하여야 하며, 유아가 목공실에 도착하면 제일 먼저 교사가 해야 하는 일은 목공도구를 안전하게 옮기는 방법과 사용하는 방법을 설명해 주는 일이다. 유아의 목공놀이를 위한 목공실의 물리적 환경과 목공도구를 알아본다.

1

목공실과 목공 작업대

뚝딱뚝딱! 쓱싹쓱싹! 목공실에서 들려오는 아이들의 망치질과 톱질 소리는 리듬감 있고 힘차다. 목공놀이를 하는 동안 유아는 몸을 많이 움직이게 되므로 충분한 공간이 확보되어야 한다. 또한 망치질과 톱질하기에 적절한 목공작업대와 위험한 목공도구, 여러 가지 크기의 목재를 보관하기 위하여 별도의 공간인 목공실을 마련하는 것이 좋다. 실내 흥미영역에 목공영역을 배치하는 경우 망치질에서 발생하는 소음으로 인하여 다른 놀이를 방해하기도 하며 톱으로 나무를 자를 때 나오는 톱밥이 교실 바닥과 주변 환경을 어지럽히기 때문이다.

독립된 공간에 마련된 목공실에서 아이들은 마음껏 망치질을 하고 톱질을 하며 진짜 목공 도구가 만들어 내는 소리와 함께 목공놀이에 시간가는 줄 모른다. 그러나 목공놀이는 위험한 도구를 다루어야 하기 때문에, 유아로 하여금 반드시 교사의 지도 아래 목공실을 출입하도록 하여야 하며, 교사는 목공놀이 시작 전에 유아들에게 목공실에서 지켜야 할 규칙을 일러주고 반드시 지키도록 반복하여 강조한다. 목공실 바닥은 되도록 미끄럽지 않은 따뜻한 느낌의 나무 마루로 하는 것이 좋으며, 안전을 위해 실내화를 신도록 한다.

작업대는 아동에게 적절한 높이와 작업하기에 충분한 공간이 있어야 한다. 또한 작업대는 견고하고 높이가 적절하며, 움직이지 않도록 충분히 무거워야 한다. 특히 망치질 등의 작업 중에 울림이 적게 하기 위해 작업대 상판의 두께가 3cm이상이 되도록 만드는 것이 좋다. 작업대 높이는 취학전 유아에서부터 초등학교 저학년 유아의 경우 높이는 55~50cm가

적당하다. 작업대 면적은 적어도 60×120cm(클수록 더 좋다)이상이어야 하며 유아 2명이 마주보며 작업하기에 적절한 크기가 좋다. 교실 공간이 충분히 넓지 않은 경우는 4~5명의 유아가 하나의 작업대에서 활동하여야 하기 때문에 작업대의 폭을 더 넓게 확보하여야 한다. 이러한 경우는 목공놀이의 기본동작 즉 자르기, 망치질하기, 연마하기 등으로 구분하여 작업대를 준비하는 것도 좋은 방법이다.

[그림 2-1] 목공 작업대와 목공도구 보관 벽걸이

작업대의 가장자리에 바이스를 부착할 수 있도록 하고 아랫부분의 공간을 활용하여 목재나 부피가 큰 목공도구를 보관하는 공간으로 활용하며, 망치나 톱과 같은 목공도구를 보관할 수 있는 벽걸이식 공구함이나 진열식장을 준비하여 목공놀이 과정에서 수시로 목공도구를 정리하도록 한다. 또한 여러 종류의 못을 보관할 수 있는 상자를 준비하여 못이 교실 바닥에 떨어져 있지 않도록 하며, 못이나 나사가 바닥에 떨어졌을 때 수자석을 이용하여 쉽게 찾을 수 있도록 준비한다. 목공놀이 과정에서 사용할 수 있도록 종이와 크레파스, 측정에 필요한 연필과 측정자도 비치한다.

목공실에는 다양한 종류와 크기의 목재를 준비하여 유아의 탐색활동을 지원한다. 유아가 서로 다른 나무의 색을 비교해 보며, 같은 크기의 나무가 서로 무게가 다르다는 것도 경험하도록 한다. 나무를 자르는 방향에 따라 나뭇결의 모양이 달라진다는 것을 관찰하고 이를 그림으로 그려보는 미술활동으로 확장하거나 나이테에 대해 좀더 구체적으로 알아보는 과학활동으로 심화시켜 나갈 수도 있다.

[그림 2-2] 목공실에는 다양한 종류와 크기의 목재를 준비한다.

목공실에서 흔히 접하는 작은 나뭇조각이나 톱밥 또는 못과 같은 것으로부터 눈을 보호하기 위해 반드시 아동들로 하여금 눈 보호안경을 착용하도록 한다. 보호경은 얼굴에 잘 맞고 렌즈가 눈 옆을 커버할 수 있도록 하기 위하여 그림에서처럼 반듯한 형보다 곡선형이 좋다. 보호경이 얼굴에서 흘러 내리거나 떨어지지 않도록 하기 위해 얼굴의 머리 둘레를 조이도록 하며, 특히 유아의 경우는 목걸이 식의 끈이 달려 있는 것이 좋다. 보호안경이 없으면 잠수용 또는 스키용 고글을 사용한다. 그러나 착용감이 불편하거나 시야를 방해하는 부적합한 보호안경은 오히려 사고를 유발할 수 있다는 점에 유의한다. 사포 작업에서는 가루가 발생하기 때문에 마스크가 필요하다. 또한 목공놀이 영역에 안전사고에 대비하여 비상약품을 구비하여야 한다.

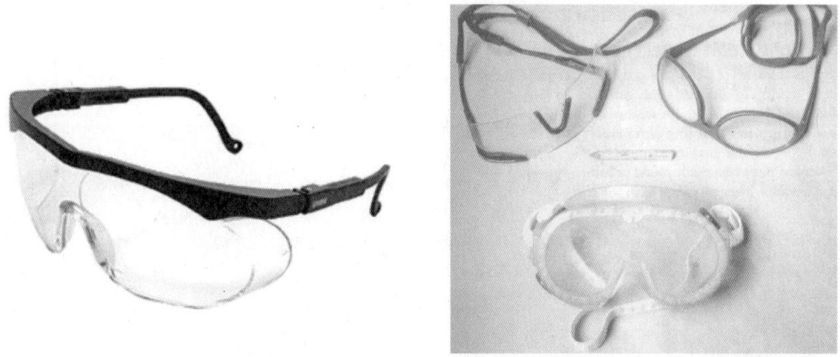

[그림 2-3] 눈 보호경

2

유아 목공놀이와 교사 역할

안전한 목공실 운영은 목공도구를 안전하게 운반하는 것에서부터 시작된다. 톱과 드릴, 스크루드라이버, 조각칼과 같이 끝이 뾰족한 목공도구를 운반할 때 뾰족한 부분을 위로 향하게 하는 것은 매우 위험하다. 유아가 목공실에 들어오면 교사는 제일 먼저 **목공도구를 운반할 때는 항상 뾰족한 부분이 아래로 향하도록** 하며 자신과 친구들의 신체나 얼굴에서 멀리하여 운반하도록 시범을 보여 주며 주의를 준다.

목공놀이와 관련하여 유아들은 새로운 많은 것을 기억하도록 하여야 한다. 한 두 번 주의를 준다고 해서 유아가 안전에 관한 규칙을 잘 기억하고 실천할 것으로 생각한다면 무리이다. 여러 번 반복하여 유아에게 규칙을 상기하도록 하여야 한다.

"목공실에서 뛰어 다니면 다칠 수 있어."
"바닥의 톱밥을 치우지 않으면 친구가 미끌어져서 위험하단다."
"망치와 톱을 사용한 뒤에는 제자리에 보관해 두도록 하자."

유아가 목공실 규칙을 잘 지키도록 하기 위해서는 규칙을 벽에 붙여 두는 것만으로는 부족하며 교사는 목공놀이 도중 적절한 때에 목공실의 안전을 위한 다음과 같은 규칙을 유아에게 수시로 말해 줌으로써 규칙을 내재화하도록 한다.

· 긴 머리는 묶고, 소매나 옷자락을 단정히 한다.
· 목공실에서 뛰지 않는다.
· 목공실에서는 미끄러지지 않는 실내화를 신는다.(슬리퍼나 샌달은 안되요!)
· 목공도구는 사용 후 제자리에 정리하여 놓는다.
· 목공도구를 운반할 때에는 아래를 향하도록 한다.
· 톱질을 할 때는 나무를 바이스나 클램프로 작업대에 고정한다.
· 손 톱은 두 손으로 사용한다.
· 목공도구를 들고서 장난하지 않는다.
· 눈 보호경을 착용한다.
· 작업이 끝나면 즉시 청소한다.

오늘날은 아동의 천식이 증가하고 있기 때문에 공기 중의 톱밥이 알레르기 반응을 일으키지 않을까 걱정하는 부모가 많다. 톱질을 하거나 연마할 때 나무의 미세한 먼지가 공기 중에 떠다니게 되기 때문이다. 따라서 나무먼지를 들이마시는 것을 방지하기 위하여 목공 전문가는 먼지 흡입이나 공기청정 기능 시스템을 구축할 필요가 있다. 톱밥이 많이 발생하는 작업의 경우 먼지 흡입시스템이 갖춰지지 않았다면 실외에서 작업을 하든지 아니면 마스크를 사용하고 작업에 임하는 것이 좋다. 합판은 화학접착제를 사용하기 때문에 가능한 유아들로 하여금 합판을 자르는 일을 하지 않도록 하는 것이 좋으며, 천식이 있는 유아는 나무 먼지에 민감할 수 있기 때문에 부모와 상담하도록 한다.

유아 교사들은 유아를 대상으로 목공놀이를 진행하고 싶어도 직접 목공도구를 다루어 본 경험이 부족할 뿐 아니라 유아는 목공도구를 다루기에 너무 어려서 위험하다고 생각하며 외부의 전문 목공강사가 진행하는 목공활동에 부모님을 참여시켜 진행하는 목공캠프

형태로 진행하는 경우가 많다. 그러나 이런 경우 흔히 유아가 목공도구를 다루는 대신에 전문강사가 대부분의 목공작업을 해주고 유아는 뒤에서 구경만 하고 서 있거나, 유아의 부모들이 목공 작업대에서 톱질하고 망치질하며 작품을 완성하기에 열중해 있는 동안 지루해진 유아들은 목공 작업대를 벗어나 다른 곳에 모여서 놀기 시작하는 모습을 볼 수 있다.

반면 유아가 목재를 다듬어 보고 잘라보며 망치질하여 무엇인가를 만들어 간다는 과정 자체에 의미가 있다고 생각하는 교사들은 작품의 완성보다는 활동 과정에 더 초점을 둔다. 이러한 교사들은 유아가 직접 목공도구를 사용하여 보도록 격려하며 목재를 다루어 보도록 기회를 제공한다. 또한 통합적 관점에서 목공놀이를 신체운동 · 건강영역, 사회관계영역, 의사소통영역, 자연탐구영역, 예술경험영역을 포함하는 누리과정과 연계하는 노력을 아끼지 않는다. 목공놀이는 위험한 도구를 다루는 활동이기 때문에 남을 배려하고 규칙을 지키며 책임감이 뒤따르는 활동이라는 점을 인식하여 인성교육의 기회로 활용하기도 한다. 나무에 대한 다양한 지식의 폭을 넓히는 자연탐구영역과 연계하기도 하고 숲과 나무, 인간생활의 관계에 대한 이해를 기반으로 하는 환경교육으로 확장하기도 한다. 목공도구를 사용하면서 유아가 소근육과 대근육의 발달과 눈과 손의 협응능력을 발달시키는 기회로 활용하며, 목재의 크기와 모양을 변화시키는 과정에서 유아의 예술 경험을 확장하여 주기도 한다. 유아들이 안전한 작업환경에서 목공도구를 사용하는 기술을 향상시키고 무엇인가를 만들어 가는 과정에서 긍정적인 경험을 할 수 있도록 하는 것이다.

목공놀이에서 교사는 활동의 결과보다는 과정에 초점을 맞추어 유아들이 놀이과정 중에 다양한 탐색을 하도록 지도하며, 필요한 경우에 적절한 도움을 주어 유아가 성취감과 자신감을 느끼도록 하는 것이 중요하다. 특히 교사는 유아들의 개인차를 고려하여 지도하여야 한다. 교사가 기본적인 목공기술을 숙지하고 목공놀이의 개념과 목적을 이해하는 것이 필요하며, 유아발달 단계에 적합한 놀이 환경을 조성해야한다.

그러나 목공놀이는 위험성이 따르기 때문에 교사나 성인이 감독할 수 있을 때에만 하도록 하고, 목공도구는 목공놀이 영역에서만 사용하며 도구의 사용 후 반드시 제자리에 보관하도록 지도한다. 특히 안전사고에 주의를 기울이고 유아들 간에 충돌이 생기면, 즉시 도구를 손에서 내려놓고 문제를 해결하도록 하며 만일의 사고에 대비하여 항상 구급약품을 비치한다. 목공활동 과정에서 유아의 안전에 주의를 기울이되 지나친 교사의 개입은 자제하도록 한다. 교사의 지나친 개입은 유아 스스로의 활동에 대한 흥미와 성취감을 저하시킬 수 있기 때문이다.

목공놀이는 여유있게 진행하는 것이 좋다. 유아들이 간단한 동작에서부터 시작하여 단계적으로 목공 기능을 습득할 수 있도록 하기 위해 충분한 시간적 여유를 주고 유아 스스로 완성해볼 수 있도록 함으로써 자신이 시작한 일을 마무리하는 습관을 기르고 성취감과 자신감을 느낄 수 있도록 배려한다. 무엇보다 교사가 목공놀이를 좋아하고 목공도구와 목재에 친숙해지는 것이 바람직하다.

3 누리과정과 목공놀이

「누리과정」은 만 3-5세 유아의 심신의 건강과 조화로운 발달을 도와 민주시민의 기초를 형성하는 것을 목적으로 하고 있으며 누리과정의 목표는 다음과 같다.

누리과정 목표

- ✓ 기본 운동 능력과 건강하고 안전한 생활 습관을 기른다.
- ✓ 일상생활에 필요한 의사소통 능력과 바른 언어 사용 습관을 기른다.
- ✓ 자신을 존중하고 다른 사람과 더불어 생활하는 능력과 태도를 기른다.
- ✓ 아름다움에 관심을 가지고 예술 경험을 즐기며, 창의적으로 표현하는 능력을 기른다.
- ✓ 호기심을 가지고 주변세계를 탐구하며, 일상생활에서 수학적·과학적으로 생각하는 능력과 태도를 기른다.

이처럼 누리과정에서는 바른 생활습관 형성을 위한 기본생활습관을 강조하고, 남을 배려하고 존중하며, 더불어 함께하는 다양한 내용으로 구성하여 '누리과정부터 인성교육'을 강조하고 있다. 이는 최근 사회적 문제가 되고 있는 학교폭력이 유아기의 사소한 따돌림 등으로부터 시작될 수 있고, 초·중·고교에서의 폭력성으로 습관화될 수 있다는 우려에 대처하기 위한 것이다. 또한 건강한 몸과 마음을 기르도록 다양한 신체활동 참여를 강화하고, 유아 단계에 맞는 인터넷·미디어 중독 예방, 녹색성장교육 및 다른 문화에 대한 이해 등의 내용도 추가하였다. 뿐만 아니라 자율성과 창의성을 기르는 데 중점을 두고, 전인발달을 이루도록 하고 있으며, 사람과 자연을 존중하고, 우리 문화를 이해하는 데 중점을 두고 있다.

이런 점에서 볼 때 앞에서 살펴 본 목공활동의 특성과 누리과정의 목적 및 목표는 서로 잘 부합된다고 볼 수 있다. 일본에서는 목공활동을 통해서 인간성 회복이 가능하다는 점을 강조하고 학교 교육에 목공교육을 활성화하는 노력을 기울이고 있다. 목공활동은 자신의 관심과 아이디어를 투입하여 무언가 새로운 것을 만들어 내는 생산적이고 창의적인 과정이라는 점에서 누리과정에서 강조하는 자율성과 창의성을 기르는데 기여할 수 있다. 특히 자연에서 생산되는 나무를 탐색하는 과정에서 자연환경에 대한 관심을 자연스럽게 높일 수 있으며 결과물이 실제생활에 사용된다는 점에서 유아에게 성취감과 긍정적인 자아존중감을 높여줄 수 있다.

누리과정은 신체운동·건강, 의사소통, 사회관계, 예술경험, 자연탐구의 5개 영역을 중심으로 유아주도적인 경험과 놀이중심의 통합과정으로 구성되어 있다. 목공활동을 누리과정에 접목할 수 있도록 하기 위하여 누리과정 영역별 목표와 내용을 살펴본다.

1) 신체운동건강

기본 운동 능력과 건강하고 안전한 생활 습관을 기른다.

- 감각 능력을 기르고, 자신의 신체를 긍정적으로 인식한다.
- 신체를 조절하고 기본 운동 능력을 기른다.
- 신체 활동에 즐겁게 참여한다.
- 건강한 생활 습관을 기른다.
- 안전한 생활 습관을 기른다.

신체운동 · 건강 영역의 내용범주 및 세부내용

<table>
<tr><th rowspan="2">내용 범주</th><th rowspan="2">내용</th><th colspan="3">3~5세 연령별 누리과정 세부내용</th></tr>
<tr><th>3세</th><th>4세</th><th>5세</th></tr>
<tr><td rowspan="5">신체 인식하기</td><td rowspan="2">감각능력 기르고 활용하기</td><td>감각적 차이를 경험한다.</td><td>감각적 차이를 구분한다.</td><td>감각으로 대상이나 사물의 특성과 차이를 구분한다.</td></tr>
<tr><td>감각기관을 인식하고 활용해 본다.</td><td colspan="2">여러 감각기관을 협응하여 활용한다.</td></tr>
<tr><td rowspan="2">신체를 인식하고 움직이기</td><td>신체 각 부분의 명칭을 알고, 움직임에 관심을 갖는다.</td><td colspan="2">신체 각 부분의 특성을 이해하고 활용하여 움직인다.</td></tr>
<tr><td colspan="3">자신의 신체를 긍정적으로 인식하고 움직인다.</td></tr>
</table>

<table>
<tr><th rowspan="2">내용 범주</th><th rowspan="2">내용</th><th colspan="3">3~5세 연령별 누리과정 세부내용</th></tr>
<tr><th>3세</th><th>4세</th><th>5세</th></tr>
<tr><td rowspan="7">신체조절과 기본 운동 하기</td><td rowspan="5">신체 조절하기</td><td>신체균형을 유지해본다.</td><td colspan="2">다양한 자세와 움직임에서 신체균형을 유지한다.</td></tr>
<tr><td>공간, 힘, 시간 등의 움직임 요소를 경험한다.</td><td colspan="2">공간, 힘, 시간 등의 움직임 요소를 활용하여 움직인다.</td></tr>
<tr><td>신체 각 부분의 움직임을 조절해 본다.</td><td colspan="2">신체 각 부분을 협응하여 움직임을 조절한다.</td></tr>
<tr><td colspan="3">눈과 손을 협응하여 소근육을 조절해 본다.</td></tr>
<tr><td colspan="2"></td><td>도구를 활용하여 여러 가지 조작운동을 한다.</td></tr>
<tr><td rowspan="2">기본 운동하기</td><td>걷기, 달리기 등 이동운동을 한다.</td><td colspan="2">걷기, 달리기, 뛰기 등 다양한 이동운동을 한다.</td></tr>
<tr><td>제자리에서 몸을 움직여 본다.</td><td colspan="2">제자리에서 몸을 다양하게 움직인다.</td></tr>
<tr><td rowspan="5">신체 활동에 참여하기</td><td rowspan="3">자발적으로 신체 활동에 참여하기</td><td>신체활동에 자발적으로 참여한다.</td><td colspan="2">신체활동에 자발적이고 지속적으로 참여한다.</td></tr>
<tr><td colspan="3">다른 사람과 함께 하는 신체 활동에 참여한다.</td></tr>
<tr><td></td><td>자신과 다른 사람의 운동능력의 차이에 관심을 갖는다.</td><td>자신과 다른 사람의 운동능력의 차이를 이해한다.</td></tr>
<tr><td>바깥에서 신체 활동하기</td><td colspan="3">규칙적으로 바깥에서 신체 활동을 한다.</td></tr>
<tr><td>기구를 이용하여 신체 활동하기</td><td colspan="3">여러 가지 기구를 이용하여 신체활동을 한다.</td></tr>
<tr><td rowspan="2">건강하게 생활하기</td><td rowspan="2">몸과 주변을 깨끗이 하기</td><td colspan="2">손과 이를 깨끗이 하는 방법을 알고 실천한다.</td><td>스스로 몸을 깨끗이 하는 습관을 기른다.</td></tr>
<tr><td>주변을 깨끗이 한다.</td><td colspan="2">주변을 깨끗이 하는 습관을 기른다.</td></tr>
</table>

내용 범주	내용	3~5세 연령별 누리과정 세부내용		
		3세	4세	5세
건강하게 생활하기	바른 식생활하기	음식을 골고루 먹는다.		적당량의 음식을 골고루 먹는다.
		몸에 좋은 음식에 관심을 갖는다.	몸에 좋은 음식을 알아본다.	몸에 좋은 음식을 선택할 수 있다.
		바른 태도로 식사한다.	음식을 소중히 여기고 식사예절을 지킨다.	
	건강한 일상생활하기	규칙적으로 잠을 자고, 적당한 휴식을 취한다.		
		하루 일과에 즐겁게 참여한다.		
		스스로 화장실에서 배변한다.	바른 배변습관을 가진다.	규칙적인 배변습관을 가진다.
	질병 예방하기	질병의 위험을 알고 주의한다.	질병을 예방하는 방법을 알고 실천한다.	
		날씨에 맞게 옷을 입는다.	날씨와 상황에 알맞게 옷을 입는다.	
안전하게 생활하기	안전하게 놀이하기	놀이기구나 놀잇감, 도구를 안전하게 사용한다.		놀이기구나 놀잇감, 도구의 바른 사용법을 알고 안전하게 사용한다.
		안전한 놀이장소를 안다.	안전한 장소를 알고 안전하게 놀이한다.	
		TV, 인터넷, 통신기기 등을 바르게 사용한다.	TV, 인터넷, 통신기기 등의 위해성을 알고, 바르게 사용한다.	
	교통안전 규칙 지키기	교통안전 규칙을 안다.	교통안전 규칙을 알고 지킨다.	
		교통수단을 안전하게 이용한다.		
	비상시 적절히 대처하기	학대, 성폭력, 실종, 유괴상황을 알고 도움을 요청한다.	학대, 성폭력, 실종, 유괴상황 시 도움을 요청하는 방법을 알고 행동한다.	
		재난 및 사고 등 비상 시 적절하게 대처하는 방법을 안다.	재난 및 사고 등 비상 시 적절하게 대처하는 방법을 알고 행동한다.	

2) 의사소통

일상생활에 필요한 의사소통 능력과 바른 언어 사용 습관을 기른다.

- 다른 사람의 말을 주의 깊게 듣는 태도와 이해하는 능력을 기른다.
- 자신의 생각과 느낌을 말하는 능력을 기른다.
- 글자와 책에 친숙해지는 경험을 통하여 글자 모양을 인식하고 읽기에 흥미를 가진다.
- 말과 글의 관계를 알고 자신의 생각, 느낌, 경험을 글로 표현하는 데 관심을 가진다.

의사소통 영역의 내용범주 및 세부내용

내용 범주	내용	3~5세 연령별 누리과정 세부내용		
		3세	4세	5세
듣기	낱말과 문장 듣고 이해하기	낱말의 발음에 관심을 가지고 듣는다.		낱말의 발음에 관심을 가지고 비슷한 발음을 듣고 구별한다.
		일상생활과 관련된 낱말과 문장을 듣고 뜻을 이해한다.		다양한 낱말과 문장을 듣고 뜻을 이해한다.
	이야기 듣고 이해하기	다른 사람의 이야기를 관심 있게 듣는다.	다른 사람의 이야기를 듣고 이해한다.	
			이야기를 듣고 궁금한 것에 대해 질문한다.	
		동요, 동시, 동화를 다양한 방법으로 듣고 즐긴다.		
	동요, 동시, 동화 듣고 이해하기		전래 동요, 동시, 동화를 듣고 우리말의 재미를 느낀다.	
	바른태도로 듣기	말하는 사람을 바라보며 듣는다.	다른 사람의 이야기를 주의 깊게 듣는다.	다른 사람의 이야기를 끝까지 주의 깊게 듣는다.

<table>
<tr><th rowspan="2">내용 범주</th><th rowspan="2">내용</th><th colspan="3">3~5세 연령별 누리과정 세부내용</th></tr>
<tr><th>3세</th><th>4세</th><th>5세</th></tr>
<tr><td rowspan="9">말하기</td><td rowspan="3">낱말과 문장으로 말하기</td><td>친숙한 낱말을 발음해 본다.</td><td>친숙한 낱말을 정확하게 발음해 본다.</td><td>정확한 발음으로 말한다.</td></tr>
<tr><td>새로운 낱말에 관심을 가진다.</td><td>다양한 낱말을 사용하여 말한다.</td><td>다양한 낱말을 사용하여 상황에 맞게 말한다.</td></tr>
<tr><td colspan="2">일상생활에서 일어나는 일들을 간단한 문장으로 말한다.</td><td>일상생활에서 일어나는 일들을 다양한 문장으로 말한다.</td></tr>
<tr><td rowspan="3">느낌, 생각, 경험 말하기</td><td>자신의 느낌, 생각, 경험을 말해본다.</td><td>자신의 느낌, 생각, 경험을 말한다.</td><td>자신의 느낌, 생각, 경험을 적절한 낱말과 문장으로 말한다.</td></tr>
<tr><td></td><td colspan="2">주제를 정하여 함께 이야기를 나눈다.</td></tr>
<tr><td></td><td>이야기를 지어 말한다.</td><td>이야기를 지어 말하기를 즐긴다.</td></tr>
<tr><td rowspan="3">상황에 맞게 바른 태도로 말하기</td><td></td><td colspan="2">듣는 사람의 생각과 느낌을 고려하여 말한다.</td></tr>
<tr><td>상대방을 바라보며 말한다.</td><td>차례를 지켜 말한다.</td><td>때와 장소, 대상에 알맞게 말한다.</td></tr>
<tr><td colspan="3">바르고 고운 말을 사용한다.</td></tr>
<tr><td rowspan="5">읽기</td><td rowspan="2">읽기에 흥미 가지기</td><td colspan="2">주변에서 친숙한 글자를 찾아본다.</td><td>주변에서 친숙한 글자를 찾아 읽어 본다.</td></tr>
<tr><td colspan="2">읽어 주는 글의 내용에 관심을 가진다.</td><td>읽어 주는 글의 내용에 관심을 가지고 읽어 본다.</td></tr>
<tr><td rowspan="3">책 읽기에 관심 가지기</td><td>책에 흥미를 가진다.</td><td colspan="2">책 보는 것을 즐기고 소중하게 다룬다.</td></tr>
<tr><td>책의 그림을 단서로 내용을 추측해 본다.</td><td colspan="2">책의 그림을 단서로 내용을 이해한다.</td></tr>
<tr><td></td><td colspan="2">궁금한 것을 책에서 찾아본다</td></tr>
</table>

내용 범주	내용	3~5세 연령별 누리과정 세부내용		
		3세	4세	5세
쓰기	쓰기에 관심 가지기	말을 글로 나타내는 것에 관심을 보인다.		
		자기 이름의 글자에 관심을 가진다.	자기 이름을 써 본다.	자신의 이름과 주변의 친숙한 글자를 써 본다.
			자신의 느낌, 생각, 경험을 글자와 비슷한 형태로 표현한다.	자신의 느낌, 생각, 경험을 글자와 비슷한 형태나 글자로 표현한다.
	쓰기도구 사용하기		쓰기 도구에 관심을 가지고 사용해 본다.	쓰기 도구의 바른 사용법을 알고 사용한다.

2장

3) 사회관계

자신을 존중하고 다른 사람과 더불어 생활하는 능력과 태도를 기른다.

- 자신을 소중히 여기며 자율성을 기른다.
- 자신과 타인의 감정을 알고, 자신의 감정을 적절하게 표현하고 조절한다.
- 가족과 화목하게 지내며 서로 협력한다.
- 친구, 공동체 구성원들과 서로 돕고, 예의·규칙 등 사회적 가치를 알고 지킨다.
- 우리 동네, 우리나라, 다른 나라에 관심을 가진다.

의사소통 영역의 내용범주 및 세부내용

<table>
<tr><th rowspan="2">내용 범주</th><th rowspan="2">내용</th><th colspan="3">3~5세 연령별 누리과정 세부내용</th></tr>
<tr><th>3세</th><th>4세</th><th>5세</th></tr>
<tr><td rowspan="5">나를 알고 존중하기</td><td rowspan="3">나를 알고, 소중히 여기기</td><td>나에 대해 관심을 갖는다.</td><td colspan="2">나에 대해 알아본다.</td></tr>
<tr><td>나와 다른 사람의 차이에 관심을 갖는다.</td><td>나와 다른 사람의 차이점을 알아본다.</td><td>나와 다른 사람의 신체적, 사회적, 문화적 차이를 존중한다.</td></tr>
<tr><td>나를 소중하게 여긴다.</td><td colspan="2">나에 대해 긍정적으로 생각하고 나를 소중하게 여긴다.</td></tr>
<tr><td rowspan="2">나의 일 스스로 하기</td><td>내가 할 수 있는 일을 알아본다.</td><td>내가 할 수 있는 일을 해 본다.</td><td>내가 할 수 있는 일을 스스로 한다.</td></tr>
<tr><td>내가 하고 싶은 일을 선택해 본다.</td><td colspan="2">하고 싶은 일을 계획하고 해 본다.</td></tr>
</table>

<table>
<tr><th rowspan="2">내용 범주</th><th rowspan="2">내용</th><th colspan="3">3~5세 연령별 누리과정 세부내용</th></tr>
<tr><th>3세</th><th>4세</th><th>5세</th></tr>
<tr><td rowspan="3">나와 다른사람의 감정 알고 조절하기</td><td rowspan="2">나와 다른 사람의 감정 알고 표현하기</td><td>자신에게 여러 가지 감정이 있음을 안다.</td><td colspan="2">자신의 감정을 알고 표현한다.</td></tr>
<tr><td>다른 사람의 감정에 관심을 갖는다.</td><td>다른 사람의 감정을 안다.</td><td>다른 사람의 감정을 알고 공감한다.</td></tr>
<tr><td>나의 감정 조절하기</td><td colspan="2">자신의 감정을 조절해 본다.</td><td>자신의 감정을 상황에 맞게 조절한다.</td></tr>
<tr><td rowspan="4">가족을 소중히 여기기</td><td rowspan="2">가족과 화목하게 지내기</td><td colspan="2">가족의 소중함을 안다.</td><td>가족의 의미와 소중함을 안다</td></tr>
<tr><td></td><td></td><td>가족과 화목하게 지낸다.</td></tr>
<tr><td rowspan="2">가족과 협력하기</td><td>가족 구성원을 알아본다.</td><td>가족 구성원의 역할에 대해 알아본다.</td><td>다양한 가족구조에 대해 알아본다.</td></tr>
<tr><td>가족을 위하여 내가 할 수 있는 일을 알아본다.</td><td>가족을 위하여 내가 할 수 있는 일을 알아보고 실천한다.</td><td>가족은 서로 도와야 함을 알고 실천한다.</td></tr>
<tr><td rowspan="9">다른 사람과 더불어 생활하기</td><td rowspan="2">친구와 사이좋게 지내기</td><td>친구와 함께 놀이한다.</td><td colspan="2">친구와 협동하며 놀이한다.</td></tr>
<tr><td>나와 친구의 의견에 차이가 있음을 안다.</td><td colspan="2">친구와의 갈등을 긍정적인 방법으로 해결한다.</td></tr>
<tr><td rowspan="2">공동체에서 화목하게 지내기</td><td></td><td>도움이 필요할 때 다른 사람과 도움을 주고 받는다.</td><td>다른 사람과 도움을 주고받고, 서로 협력한다.</td></tr>
<tr><td colspan="3">교사 및 주변 사람과 화목하게 지낸다.</td></tr>
<tr><td rowspan="5">사회적 가치를 알고 지키기</td><td></td><td colspan="2">정직하게 말하고 행동한다.</td></tr>
<tr><td>다른 사람의 소유물을 존중한다.</td><td>다른 사람의 생각, 행동을 존중한다.</td><td>다른 사람을 배려하여 행동한다.</td></tr>
<tr><td></td><td colspan="2">친구와 어른께 예의 바르게 행동한다.</td></tr>
<tr><td>약속과 규칙을 지켜야 함을 안다.</td><td colspan="2">다른 사람과 한 약속이나 공공규칙을 지킨다.</td></tr>
<tr><td></td><td colspan="2">자연과 자원을 아끼는 습관을 기른다.</td></tr>
</table>

<table>
<tr><th rowspan="2">내용 범주</th><th rowspan="2">내용</th><th colspan="3">3~5세 연령별 누리과정 세부내용</th></tr>
<tr><th>3세</th><th>4세</th><th>5세</th></tr>
<tr><td rowspan="8">사회에 관심 갖기</td><td rowspan="3">지역사회에 관심 갖고 이해하기</td><td>우리 동네의 이름을 안다.</td><td colspan="2">우리 동네에 대해 알아본다.</td></tr>
<tr><td>우리 동네 사람들에 관심을 갖는다.</td><td>우리 동네 사람들이 하는 일에 관심을 갖는다.</td><td>다양한 직업에 관심을 갖는다.</td></tr>
<tr><td></td><td>물건을 살 때 돈이 필요함을 안다.</td><td>일상생활에서 돈의 쓰임에 대해 안다.</td></tr>
<tr><td rowspan="3">우리나라에 관심 갖고 이해하기</td><td>우리나라를 상징하는 것에 관심을 가진다.</td><td>우리나라를 상징하는 것을 안다.</td><td>우리나라를 상징하는 것을 알고 예절을 지킨다.</td></tr>
<tr><td colspan="2">우리나라의 전통놀이와 풍습에 관심을 갖는다.</td><td>우리나라의 전통, 역사, 문화에 관심을 갖는다.</td></tr>
<tr><td></td><td colspan="2">우리나라에 대해 자부심을 갖는다.</td></tr>
<tr><td rowspan="2">세계와 여러 문화에 관심 가지기</td><td></td><td>세계 여러 나라에 대해 관심을 갖는다.</td><td>세계 여러 나라에 대해 관심을 갖고, 서로 협력해야 함을 안다.</td></tr>
<tr><td></td><td>다양한 인종과 문화에 관심을 갖는다.</td><td>다양한 인종과 문화를 알아보고 존중한다.</td></tr>
</table>

4) 예술경험

아름다움에 관심을 가지고 예술경험을 즐기며, 창의적으로 표현하는 능력을 기른다.

- 자연과 주변 환경에서 발견한 아름다움과 예술적 요소에 관심을 갖고 탐색한다.
- 자신의 생각과 느낌을 음악, 움직임과 춤, 미술, 극놀이를 통해 창의적으로 표현하는 것을 즐긴다.
- 자연과 다양한 예술 작품을 감상하며, 풍부한 감성과 심미적 태도를 기른다.

예술경험 영역의 내용범주 및 세부내용

<table>
<tr><th rowspan="2">내용 범주</th><th rowspan="2">내용</th><th colspan="3">3~5세 연령별 누리과정 세부내용</th></tr>
<tr><th>3세</th><th>4세</th><th>5세</th></tr>
<tr><td rowspan="3">아름다움 찾아보기</td><td>음악적 요소 탐색하기</td><td colspan="2">다양한 소리, 음악의 셈여림, 빠르기, 리듬 등에 관심을 갖는다.</td><td>다양한 소리, 악기 등으로 음악의 셈여림, 빠르기, 리듬 등을 탐색한다.</td></tr>
<tr><td>움직임과 춤 요소 탐색하기</td><td colspan="2">움직임과 춤의 모양, 힘, 빠르기 등에 관심을 갖는다.</td><td>움직임과 춤의 모양, 힘, 빠르기, 흐름 등을 탐색한다.</td></tr>
<tr><td>미술적 요소 탐색하기</td><td colspan="2">자연과 사물의 색, 모양, 질감 등에 관심을 갖는다.</td><td>자연과 사물에서 색, 모양, 질감, 공간 등을 탐색한다.</td></tr>
<tr><td rowspan="7">예술적 표현 하기</td><td rowspan="4">음악으로 표현하기</td><td>간단한 노래를 듣고 따라 부른다.</td><td colspan="2">노래로 자신의 생각과 느낌을 표현한다.</td></tr>
<tr><td colspan="3">전래동요를 즐겨 부른다.</td></tr>
<tr><td>리듬악기로 간단한 리듬을 표현해 본다.</td><td colspan="2">리듬악기를 연주해 본다.</td></tr>
<tr><td colspan="2">간단한 리듬과 노래를 즉흥적으로 만들어 본다.</td><td>리듬과 노래 등을 즉흥적으로 만들어 본다.</td></tr>
<tr><td rowspan="3">움직임과 춤으로 표현하기</td><td colspan="2">신체를 이용하여 주변의 움직임을 자유롭게 표현한다.</td><td>신체를 이용하여 주변의 움직임을 다양하게 표현하며 즐긴다.</td></tr>
<tr><td colspan="3">움직임과 춤으로 자신의 생각과 느낌을 표현한다.</td></tr>
<tr><td colspan="2">도구를 활용하여 다양한 움직임으로 표현한다.</td><td>다양한 도구를 활용하여 창의적으로 움직인다.</td></tr>
</table>

<table>
<tr><th rowspan="2">내용 범주</th><th rowspan="2">내용</th><th colspan="3">3~5세 연령별 누리과정 세부내용</th></tr>
<tr><th>3세</th><th>4세</th><th>5세</th></tr>
<tr><td rowspan="8">예술적 표현하기</td><td rowspan="3">미술 활동으로 표현하기</td><td>다양한 미술활동을 경험해 본다.</td><td colspan="2">다양한 미술활동으로 자신의 생각과 느낌을 표현한다.</td></tr>
<tr><td></td><td>협동적인 미술활동에 참여한다.</td><td>협동적인 미술활동에 참여하여 즐긴다.</td></tr>
<tr><td>미술활동에 필요한 재료와 도구에 관심을 가지고 사용한다.</td><td colspan="2">미술활동에 필요한 재료와 도구를 다양하게 사용한다.</td></tr>
<tr><td rowspan="2">극놀이로 표현하기</td><td rowspan="2">일상생활의 경험을 극놀이로 표현한다.</td><td>일상생활의 경험이나 간단한 이야기를 극놀이로 표현한다.</td><td>경험이나 이야기를 극놀이로 표현한다.</td></tr>
<tr><td colspan="2">소품, 배경, 의상 등을 사용하여 협동적으로 극놀이를 한다.</td></tr>
<tr><td rowspan="2">통합적으로 표현하기</td><td></td><td colspan="2">음악, 움직임과 춤, 미술, 극놀이 등을 통합하여 표현한다.</td></tr>
<tr><td colspan="2">예술 활동에 참여하여 표현과정을 즐긴다.</td><td>예술 활동에 참여하여 창의적으로 표현하는 과정을 즐긴다.</td></tr>
<tr style="display:none"></tr>
<tr><td rowspan="3">예술 감상하기</td><td rowspan="2">다양한 예술 감상하기</td><td>다양한 음악, 춤, 미술 작품, 극놀이 등을 듣거나 본다.</td><td colspan="2">다양한 음악, 춤, 미술작품, 극놀이 등을 듣거나 보고 즐긴다.</td></tr>
<tr><td colspan="3">나와 다른 사람의 예술 표현을 소중히 여긴다.</td></tr>
<tr><td>전통예술 감상하기</td><td colspan="2">우리나라의 전통예술에 관심을 갖는다.</td><td>우리나라의 전통예술에 관심을 갖고 친숙해진다.</td></tr>
</table>

5) 자연탐구

호기심을 가지고 주변세계를 탐구하며, 일상생활에서 수학적·과학적으로 생각하는 능력과 태도를 기른다.

- 주변의 사물과 자연 세계에 대해 알고자 하는 호기심을 가지고 탐구하는 태도를 기른다.
- 생활 속의 여러 상황과 문제를 논리·수학적으로 이해하고 해결하기 위한 기초 능력을 기른다.
- 주변의 관심있는 사물과 생명체 및 자연현상을 탐구하기 위한 기초능력을 기른다.

자연탐구 영역의 내용범주 및 세부내용

내용 범주	내용	3~5세 연령별 누리과정 세부내용		
		3세	4세	5세
탐구하는 태도 기르기	호기심을 유지하고 확장하기	주변 사물과 자연세계에 대해 호기심을 갖는다.	주변 사물과 자연세계에 대해 지속적으로 호기심을 갖는다.	주변 사물과 자연세계에 대해 지속적으로 호기심을 갖고 알고자 한다.
	탐구과정 즐기기	궁금한 점을 알아보는 과정에 흥미를 갖는다.	궁금한 점을 알아보는 탐구과정에 관심을 가지고 참여한다.	궁금한 점을 알아보는 탐구과정에 참여하고 즐긴다.
				탐구과정에서 서로 다른 생각에 관심을 갖는다.
	탐구기술 활용하기		일생생활의 문제를 해결하는 과정에서 탐색, 관찰 등의 방법을 활용해 본다.	일상생활의 문제를 해결하는 과정에서 탐색, 관찰, 비교, 예측 등의 탐구기술을 활용해 본다.

2장

<table>
<tr><th rowspan="2">내용 범주</th><th rowspan="2">내용</th><th colspan="3">3~5세 연령별 누리과정 세부내용</th></tr>
<tr><th>3세</th><th>4세</th><th>5세</th></tr>
<tr><td rowspan="12">수학적 탐구하기</td><td rowspan="4">수와 연산의 기초개념 알아보기</td><td>생활 속에서 수에 관심을 갖는다.</td><td colspan="2">생활 속에서 사용되는 수의 여러 가지 의미를 안다.</td></tr>
<tr><td>구체물 수량의 많고 적음을 비교한다.</td><td>구체물 수량에서 '같다', '더 많다', '더 적다'의 관계를 안다.</td><td>구체물 수량의 부분과 전체 관계를 알아본다.</td></tr>
<tr><td>다섯 개 가량의 구체물을 세어보고 수량에 관심을 갖는다.</td><td>열 개 가량의 구체물을 세어보고 수량을 알아본다.</td><td>스무 개 가량의 구체물을 세어보고 수량을 알아본다.</td></tr>
<tr><td></td><td></td><td>구체물을 가지고 더하고 빼는 경험을 해 본다.</td></tr>
<tr><td rowspan="4">공간과 도형의 기초개념 알아보기</td><td>나를 중심으로 앞, 뒤, 옆, 위, 아래를 알아본다.</td><td colspan="2">위치와 방향을 여러 가지 방법으로 나타내 본다.</td></tr>
<tr><td></td><td></td><td>여러 방향에서 물체를 보고 그 차이점을 비교해 본다.</td></tr>
<tr><td>물체의 모양에 관심을 갖는다.</td><td>기본 도형의 특성을 인식한다.</td><td>기본 도형의 공통점과 차이점을 알아본다.</td></tr>
<tr><td></td><td colspan="2">기본 도형을 사용하여 여러 가지 모양을 구성해 본다.</td></tr>
<tr><td rowspan="2">기초적인 측정하기</td><td>두 물체의 길이, 크기를 비교해 본다.</td><td>일상생활에서 길이, 크기, 무게 등을 비교해 본다.</td><td>일상생활에서 길이, 크기, 무게, 들이 등의 속성을 비교하고, 순서를 지어 본다.</td></tr>
<tr><td></td><td></td><td>임의 측정 단위를 사용하여 길이, 면적, 들이, 무게 등을 재 본다.</td></tr>
<tr><td rowspan="2">규칙성 이해하기</td><td>생활주변에서 반복되는 규칙성에 관심을 갖는다.</td><td>생활주변에서 반복되는 규칙성을 알아본다.</td><td>생활주변에서 반복되는 규칙성을 알고 다음에 올 것을 예측해 본다.</td></tr>
<tr><td></td><td>반복되는 규칙성을 인식하고 모방한다.</td><td>스스로 규칙성을 만들어 본다.</td></tr>
</table>

내용 범주	내용	3~5세 연령별 누리과정 세부내용		
		3세	4세	5세
수학적 탐구하기	기초적인 자료 수집과 결과 나타내기		필요한 정보나 자료를 수집한다.	
		같은 것끼리 짝을 짓는다.	한 가지 기준으로 자료를 분류해 본다.	한 가지 기준으로 분류한 자료를 다른 기준으로 재분류해 본다.
				그림, 사진, 기호나 숫자를 사용해 그래프로 나타내본다.
과학적 탐구하기	물체와 물질 알아보기	친숙한 물체와 물질의 특성에 관심을 갖는다.	친숙한 물체와 물질의 특성을 알아본다.	주변의 여러 가지 물체와 물질의 기본 특성을 알아본다.
			물체와 물질을 여러 가지 방법으로 변화시켜 본다.	
	생명체와 자연환경 알아보기	나의 출생과 성장에 대해 관심을 갖는다.		나와 다른 사람의 출생과 성장에 대해 알아본다.
		주변의 동식물에 관심을 가진다.	관심 있는 동식물의 특성을 알아본다.	관심 있는 동식물의 특성과 성장 과정을 알아본다.
		생명체를 소중히 여기는 마음을 갖는다.		
			생명체가 살기 좋은 환경에 대해 관심을 갖는다.	생명체가 살기 좋은 환경과 녹색환경에 대해 알아본다.
	자연현상 알아보기	돌, 물, 흙 등 자연물에 관심을 갖는다.	돌, 물, 흙 등 자연물의 특성과 변화를 알아본다.	
				낮과 밤, 계절의 변화와 규칙성을 알아본다.
		날씨에 관심을 갖는다.	날씨와 기후변화에 관심을 갖는다.	날씨와 기후변화 등 자연 현상에 대해 관심을 갖는다.

2장

<table>
<tr><th rowspan="2">내용 범주</th><th rowspan="2">내용</th><th colspan="3">3~5세 연령별 누리과정 세부내용</th></tr>
<tr><th>3세</th><th>4세</th><th>5세</th></tr>
<tr><td rowspan="2">과학적 탐구하기</td><td rowspan="2">간단한 도구와 기계 활용하기</td><td>생활 속에서 간단한 도구와 기계에 관심을 갖는다.</td><td colspan="2">생활 속에서 간단한 도구와 기계를 활용한다.</td></tr>
<tr><td colspan="2">도구와 기계의 편리함에 관심을 갖는다.</td><td>변화하는 새로운 도구와 기계에 관심을 갖고 장단점을 안다.</td></tr>
</table>

chapter 3

목공도구 사용하기

유아들은 목공놀이에 매우 열중한다. 처음에는 서툴지만 점차 목공도구를 능숙하게 다룰 수 있게 되면서 자신감이 높아진다. 무엇보다 목공놀이의 매력은 자신이 만든 작품이 실생활에 사용되기 때문에 성취감을 맛볼 수 있다는 점이다. 목공놀이는 유아에게 "I Can Do!"를 경험하게 해 주기 때문에 주도성과 긍정적 자아개념을 기르는 중요한 기회가 된다.

1

못박기

망치는 머리와 손잡이의 두 부분으로 되어 있다. 망치 머리 중 동그랗고 밑이 평평한 쪽으로는 못을 박을 때 사용하며, 망치 머리의 V자 모양의 집게발(꽃게의 집게발 모양이어서 영어로 claw라고 한다)은 못을 뽑을 때 사용한다. 망치는 200g, 350g, 450, 600g 등 무게가 다양하다. 망치가 너무 가벼우면 힘이 가해지지 않기 때문에 못을 박기 쉽지 않으며, 무거운 망치는 유아들이 사용하기에 적절하지 않다. 목공놀이에 처음 참여하는 초보자나 어린 유아들은 망치질을 할 때 자신감이 없고 조심스러워서 동작이 작으며 힘을 가하여 망치질하지 못한다. 어느 정도 무게가 있는 망치를 사용하여 동작을 크게 해야 망치질 하는 못에 힘이 가해지기 때문에 유아가 사용하는 망치는 무게가 300~350g정도가 적당하며 두드려지는 망치의 머리가 넓은 것이 좋다.

망치 손잡이는 목재로 된 것이 좋으며 유아의 손에 잘 잡힐 수 있는 두께여야 한다. 만일 유아에게 망치 손잡이가 너무 길다고 생각되면 적절한 길이로 잘라서 사용할 수 있다. 손잡이의 위치는 망치 머리로부터 멀리 잡을수록 망치질할 때 더 힘을 가할 수 있지만, 본인이 편안하게 느끼는 부분을 잡는 것이 좋다. 오른손으로 망치 손잡이를 잡고(왼손잡이인 경우는 왼손으로 망치를 잡는다), 다른 한 손으로는 엄지와 검지를 사용해서 박고자 하는 위치에 못을 곧게 세워 잡는다(그림 3-1의 ①). 망치를 내려 칠 때 못의 머리에 시선을 고정시키도록 하며, 못을 박을 때 망치가 못의 머리와 수직으로 되도록 힘을 주어야 한다. 못이 목재 속으로 박히지 않으면 조금 더 세게 힘을 가하여 망치질을 하도록 한다. 어느 정도 목재에 못이 박히면 못을 잡고 있던 손을 떼어 목재를 움직이지 않도록 잡은 뒤(그림 3-1의 ②) 못의 머리가 목재의 표면과 같아질 때까지 힘을 주어 망치질을 한다. 못을 박다가 못이 휘어지거나 못이 삐뚤게 박혀지는 경우에는 망치 머리의 집게발을 사용하며 못을 빼 내어야 한다(그림 3-1의 ③).

[그림 3-1] 망치를 사용하여 못박기와 못빼기

아동이 망치질에 열중하다 보면 나뭇조각이나 못이 튈 수 있기 때문에 반드시 눈 보호경을 쓰도록 하며, 작업대로부터 떨어진 곳에 별도로 망치질하는 공간을 마련하는 것이 바람직하다. 작업대에서 조금 떨어진 곳에 커다랗고 판판한 나무판을 놓아두면 못 박기 활동에 좋은 환경이 될 수 있다. 망치질 영역이 좁은 경우는 한 번에 한 명씩 못 박기 영역을 사용하도록 규칙을 정하는 것도 도움이 된다. 못을 밖을 때 처음에는 손가락으로 못을 잡고 다른 손가락으로는 망치를 들어 못을 박는다. 그러다가 못으로부터 손가락을 떼고 좀 더 세게 망치질 하여 못을 박는다. 망치질할 때 힘이 수직으로 곧게 주어지지 않으면 못이 비뚫어진 방향으로 박히는 경우가 있다.

[그림3-2]에서처럼 한 손으로 펜치를 이용해 못을 잡아주고 다른 한손으로 망치질을 한 후, 못이 나무에 어느 정도 자리를 잡고 들어간 뒤에 펜치를 떼고 망치질을 하여 마무리하는 것도 유아가 쉽게 못을 밖을 수 있는 방법이 된다.

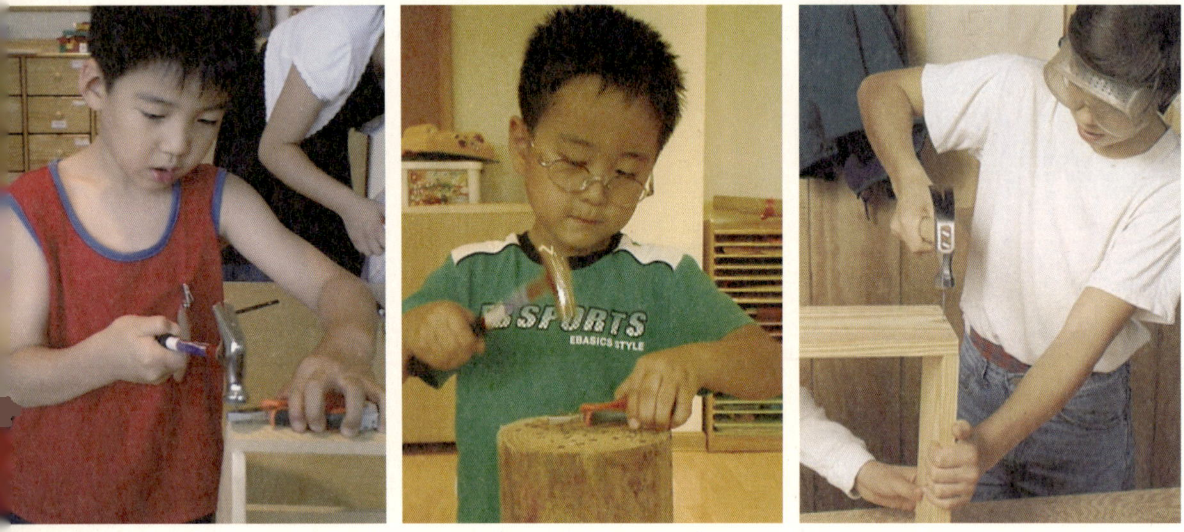

[그림 3-2] 펜치를 이용하여 못박기

못은 머리가 넓적하고 끝이 예리해야 하고, 두께나 길이가 다양한 못을 준비한다. 유아 목공활동에서는 대(25mm), 중(21mm), 소(18mm)의 일반못이 많이 사용된다. 또한 유아가 사용할 수 있는 작은 스크루 드라이버와 다양한 나사못도 구비한다. 나사못은 드라이버의 끝 모양에 따라 －자형 및 ＋자형이 있으며 10mm에서부터 50mm까지 길이가 다양하다. 가끔 아동은 나사못을 일반 못처럼 망치로 박는 경우가 있다. 나사못은 돌려서 박도록 만들어졌기 때문에 망치로 박으려면 힘이 많이 들 뿐 아니라 강도가 높은 철로 만들어져 있어서 일반 못처럼 휘지 않고 부러진다. 망치로 센 힘을 가하여 나사못을 박다가 부러지면 조각이 멀리 튀어서 위험하다. 유아에게 일반 못과 나사못의 차이를 일러주고 적절하게 사용할 수 있도록 지도한다.

[그림3-3]에서처럼 나이테가 있는 나무판에 못을 박아보면 못이 쉽게 박아지는 부분과 못이 잘 들어가지 않는 부분이 있다. 유아로 하여금 망치질을 익히는 과정에서 나무의 특성에 대한 탐구활동을 통합적으로 진행 할 수 있다.

[그림 3-3] 망치와 일반못, 스크루드라이버와 나사못

2 자르기

경험이 많은 목수는 낮은 작업대에 목재를 올려 놓고 한쪽 손으로 목재를 잡고서 다른 한 손으로 톱질을 한다. 나무를 잡고 있는 손의 엄지 손가락을 톱의 바깥 면에 대고 다른 한 손으로는 톱을 앞 뒤로 움직여 톱질을 하는 이러한 방법은 경험이 있는 목수들에게는 좋은 방법이 된다. 그러나 초보자나 아동에게는 한 손으로 목재를 움직이지 않도록 잘 잡고서, 다른 손으로 톱을 앞뒤로 움직여 목재를 자르는 것이 쉬운 일이 아니다. 자칫하면 톱날에 손가락을 다칠 수 있기 때문에 초보자는 손톱을 사용하여 목재를 자를 때 반드시 바이스를 사용하도록 해야 한다. 드릴로 구멍을 뚫을 때, 연마할 때, 대패를 사용할 때도 바이스를 사용하면 더 쉽고 안전하게 목공놀이를 진행할 수 있다.

바이스는 용도에 따라 종류가 많이 있지만 목공용 바이스를 재질로 구분하면 나무 바이스와 금속바이스로 나눌 수 있다. 나무로 만든 바이스는 바이스를 조였을 때 목재를 손상시키지 않고 부드럽게 조여 준다. 금속 바이스는 부드러운 목재에 흠집을 남기거나 손상시킬 수 있기 때문에 목재가 닿은 바이스의 안쪽 면에 나무를 부착하여 사용하는 것이 좋다. 전문적인 목공활동의 경우 바이스가 부착되어 있는 목공작업대를 갖추기도 하지만 유아 목공놀이에서는 필요한 경우 작업대에 바이스를 설치하고 목공작업이 마무리되면 바이스를 풀어서 보관장에 정리하여 두고 다른 활동을 진행할 수 있도록 하여 공간을 효율적으로 사용하는 것도 좋은 방법이다.

[그림 3-4] 목재바이스와 금속바이스

유아로 하여금 바이스를 조이고 푸는 방향과 방법을 잘 익히도록 지도한다. 교사는 바이스의 손잡이를 시계방향으로 돌리거나 시계 반대방향으로 돌리면서 "오른쪽으로 돌려 **조이기**" "왼쪽으로 돌려 **풀기**"와 같은 말을 반복해 준다. 교사가 시범을 보여 준 후 유아로 하여금 직접 바이스의 손잡이를 돌려보면서 바이스의 두 면 사이 공간이 좁아지고 넓어지는 변화를 확인할 수 있도록 하며 "**조여지다, 느슨해지다**"는 언어에 친숙해 지도록 한다. 이러한 방법은 아동이 원하는 대로 바이스를 맞게 돌리고 있는지 잘못 돌리고 있는지 스스로 피드백하여 준다.

가끔 어린 유아들은 바이스를 시계 반대방향으로 지나치게 빨리 돌리다가 바이스가 해체되어 바이스의 일부분이 바닥에 떨어지는 경우도 발생한다. 이런 경우 유아는 바이스가 고장났다면서 당황해 하고 놀란다. 교사는 분리된 바이스를 다시 조립하고 시범을 보여 주면서 적절한 속도로 바이스를 조작하는 방법을 설명하여 준다.

다음 단계는 바이스 안에 목재를 넣고 목재가 움직이지 않도록 "**꽉 조이도록**"한다. 목재를 움직여 보아서 움직여지면 바이스를 더 조여야 한다.

3장

"이거 봐! 이제 막대기가 안 움직여! 잘 조여졌기 때문이야!"
"막대를 빼려면 바이스 손잡이를 이렇게 돌려야 돼, 이렇게 하면 풀어지잖아."

유아는 바이스를 조작하여 작업대에 고정시키거나 제거하는 단순한 행동만으로도 흥분하며 기뻐하고 만족스러워 한다.

클램프도 목재를 고정시키기 위해서 유용하게 사용하는 도구이다. 바이스는 옆에 있는 손잡이를 돌려서 목재를 고정시키지만 클램프를 조이는 손잡이는 아래에 있다는 점이 다를 뿐 사용하는 방법은 바이스와 동일하다.

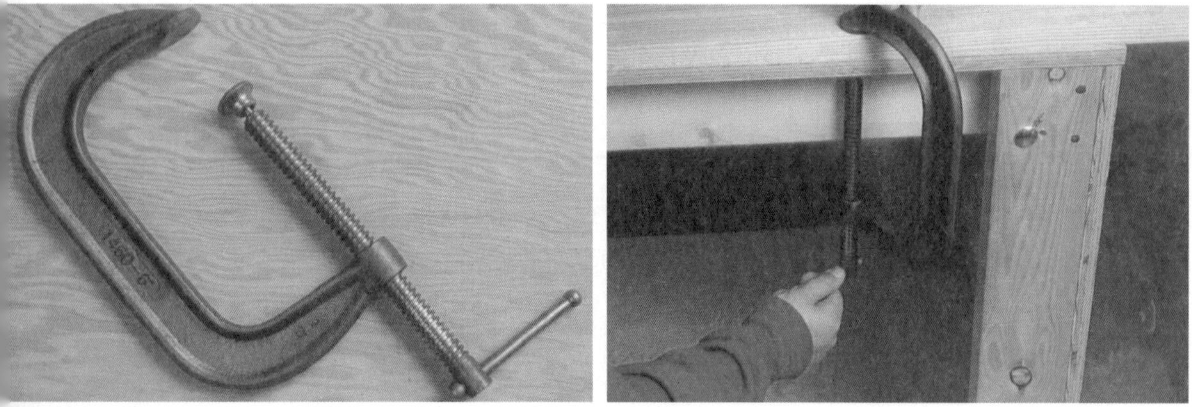

[그림 3-5] 클램프

목재가 바이스 안에서 움직이지 않고 고정되면 이제 톱 사용 방법에 대한 설명을 시작한다. 바이스로 나무를 고정시켜 놓은 뒤 두 손으로 톱의 손잡이를 잡고 톱질을 하면 날카로운 톱날로부터 손을 다칠 위험이 없고, 톱질을 하면서 힘을 적절하게 조절할 수 있다. 특히 유아는 힘이 약하므로 두 손으로 톱을 잡고 목재를 자르도록 함으로써 톱날로부터 손을 멀리하도록 하여 안전을 기한다. 어린 유아들은 힘이 약할 뿐 아니라 힘의 세기를 조절하는 것이 쉬운 일이 아니다. 이럴 경우 성인이 유아의 뒤에 서서 톱의 손잡이를 함께 잡고 톱질을 도와준다. 그러나 마지막 목재가 잘려질 때 즈음에는 성인이 손을 떼어 유아가 "내가 잘랐다"는 느낌을 갖도록 한다.

한 손으로 나무를 잡고 다른 한 손으로 톱질하는 방법은 어린 아이들에게 위험하며, 반드시 바이스나 클램프로 나무를 고정시킨 뒤 두 손으로 톱의 손잡이를 잡고 톱질한다.

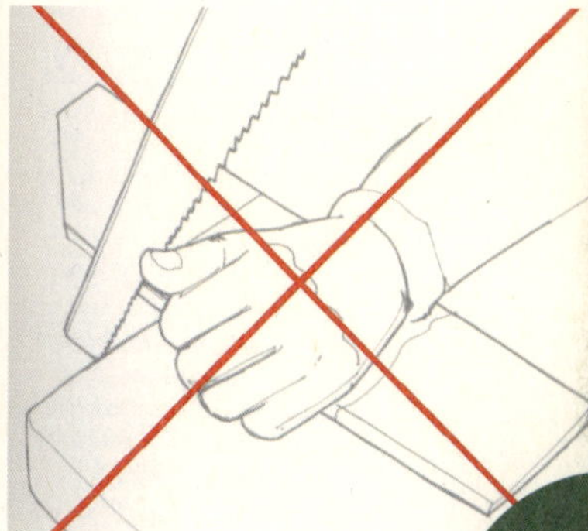

처음으로 톱질을 하면서 유아는 온 정신을 쏟고 작업에 집중하지만, 너무 빠르게 그리고 세게 톱질을 하다가 목재가 깨끗하게 잘라지지 않거나 톱질 도중 나뭇결에 따라 쪼개지는 경우도 있다. 교사는 유아로 하여금 톱질하는 속도와 세기를 조절하여 목재를 끝까지 깔끔하게 자르는데 집중하도록 지도하여야 한다. 유아가 여러번 반복하여 톱질을 하다 보면, 힘을 주어 톱질하는 것 보다 오히려 힘을 빼고 부드럽게 톱을 다루는 것이 중요하다는 것을 감각적으로 익히게 된다.

교사는 다음과 같은 점을 일러주면서 유아들이 쉽게 톱질에 익숙해 지도록 한다.

✓ 자르고자 하는 목재를 바이스로 고정시킨다. 바이스 안의 목재가 움직이면 아직 헐거운 것이니 더 조이도록 한다.

✓ 두 손으로 톱 자루의 끝 부분을 잡고, 왼쪽 발을 오른쪽 발보다 한 발짝 앞으로 벌리고 선다.

✓ 톱을 앞뒤로 부드럽게 밀고 당기면서 목재를 자른다.

"힘으로 자르는 게 아니야. 쓱~싹~쓱~싹~리듬에 맞추어 보렴."

"그렇지! 힘을 살짝 주어서 쓰윽~밀었다가, 가볍게 싸악~당기는거야."

✓ 톱질의 마무리를 세게 하지 않도록 주의를 준다. 마지막 나무가 잘라질 때 세게 톱질을 하면 갑자기 톱이 아래로 떨어지는 느낌을 받고 유아가 놀랄 수 있다. 목재가 거의 잘려질 때가 되면 교사가 유아의 손을 잡고 톱질을 마무리하여 줌으로써 유아로 하여금 힘의 세기를 조절하는 것을 경험해보도록 한다.

"이제 힘을 빼고 부드럽게, 부드럽게, 그렇지! 이것 봐, 깨끗하게 잘렸네!"

✓ 유아는 자신이 원하는 방향에서 빗나가서 나무가 잘라지는 경우 톱을 움직여 원하는 방향으로 나무를 자르려고 시도한다. 그러나 톱을 움직여 방향을 수정하는 것이 아니라 몸을 움직여야 한다. 톱의 방향과 몸의 방향은 위 그림에서처럼 항상 직각이 되도록 유의한다.

✓ 바이스로부터 가장 가까운 부분을 자르는 것이 좋다. 바이스로부터 멀리 떨어진 곳을 자르면 톱질하면서 움직이는 진동이 목재에 전달되어 자르기가 어려우며, 움직이는 목재를 자르는 것은 위험하기도 하다. 잘라야 할 부분이 바이스로부터 멀리 있는 경우는 바이스를 풀고 목재를 이동시킨 후 다시 바이스를 조여서 자르도록 해주면 유아들은 쉽게 톱질을 마칠 수 있다.

✓ 폭이 넓은 목재를 자를 때에도 진동이 전달되어 자르기가 어려워진다. 두꺼운 목재는 크게 문제가 되지 않지만 합판과 같은 얇은 판재는 자를 때는 판재의 진동이 커서 톱을 앞뒤로 움직여서 자르기가 매우 어렵다. 이러한 문제를 해결하기 위해서는 바이스에 나무판을 고정시키기 전에 두꺼운 나무토막으로 2개의 버팀대를 만들어 자르고자 하는 판재의 양 측면을 지지하여 주고 2개의 버팀대와 가운데의 판자를 클램프를 사용하여 조여 주면 좋다.

톱의 종류는 매우 다양하며, 목재의 크기에 따라 사용되는 톱이 다르다. 톱날의 위아래 모두 톱니가 있으면 더 조심스럽게 다루어야 하기 때문에 유아의 경우는 톱날의 아래부분에만 톱니가 있는 톱을 사용하는 것이 좋다. 그림 3-7의 ①은 미국의 어린이 목공활동에서 많이 사용되는 팩스톱이다. 톱을 잡는 위치가 일정하며 톱날의 폭이 넓어서 자를 때 진동이 덜 전달되어 아동이 사용하기 수월하나 크기가 커서 유아들에게는 무거울 수 있다. 그림 3-7의 ②는 일본에서 생산되는 일명 등대기톱으로 목공활동에서 가장 폭넓게 사용된다. 톱날이 무디어지면 다른 톱날로 교체할 수 있으며 크기가 작아서 유아들도 무난하게 사용할 수 있다. 등대기톱을 잡을 때는 톱자루의 앞부분이나 끝부분을 잡으면 힘이 잘 전달되지 못한다. 중간에서 약간 뒷부분, 즉 약 2/3 지점을 잡아주는 것이 좋다.

3장

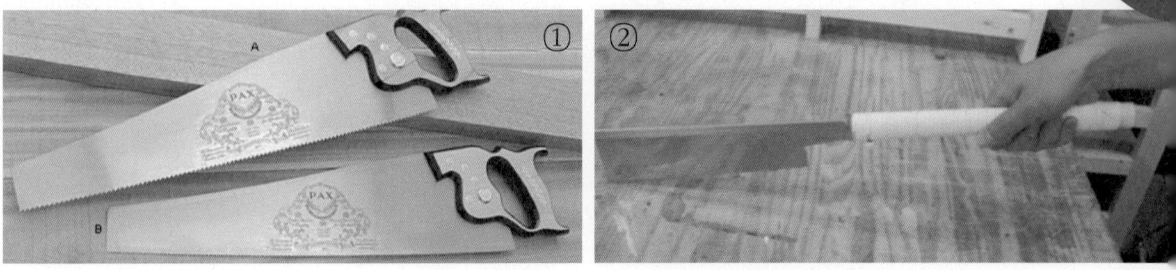

[그림 3-7] 팩스톱(위)과 등대기톱(아래)

지그를 사용하면 톱날이 휘지 않도록 잡아주기 때문에 초보자들도 쉽게 목재를 자를 수 있다. 자르기를 마치면 톱을 목공작업대 위에 놓는다. 항상 유아들에게 "톱을 사용한 후에는 반드시 내려 놓는다"는 규칙을 잊지 않도록 한다.

[그림 3-8] 수공실톱(왼쪽)과 전동실톱(오른쪽)

곡선을 자를 때는 Coping Saw(줄톱 또는 실톱)를 사용한다. 초등학교 2-3학년 정도이면 능숙하게 익힐 수 있으며 유아들도 곡선을 자를 수 있기 때문에 쉽게 동기화된다. 부러지거나 무디어진 톱날은 교체하여 사용할 수 있다. 한편 전동톱을 이용하면 3~4세 유아들도 쉽게 곡선을 자를 수 있다. 흔히 Scroll saw(스크롤 쏘) 또는 스카시톱이라 부르는 전동공구인 이 실톱은 작동하기가 쉬워 어린 유아들도 자신이 원하는 크기와 모양으로 목재를 자르는 데 쉽게 익숙해진다.

3 구멍뚫기

드릴을 사용하여 구멍을 뚫을 수 있게 되면 다양한 목공 프로젝트가 가능해진다. 유아에게 전동드릴은 위험하기 때문에 손드릴과 같은 수공 드릴을 사용하여 구멍을 뚫는 것이 좋다.

구멍 뚫기가 끝나고 목재에서 드릴을 빼낼 때에는 드릴을 힘으로 무조건 잡아당기지 말고 천천히 반대방향으로 돌리면 빼도록 한다.

손드릴만큼 구멍을 깊게 그리고 크게 파지는 못하지만 유아가 스크루드라이버에 익숙해지면 돌리는 방향에 따라 드라이버가 위 아래로 작동되는 움직임을 매우 즐거워한다. 유아에게는 수직으로 구멍뚫는 것이 더 쉽고 안전하다. 나무판과 드릴이 직각을 유지하도록 하면서 드릴을 힘을 주어 누르면서 손잡이를 돌리면 구멍이 뚫린다. 간혹 드릴을 너무 세게 눌러서 비트가 돌아가지 않는 경우가 있다. 드릴 비트로 목재를 밀어서 구멍을 뚫는 것이 아니라 비트가 돌아가면서 조금씩 목재가 깎여서 구멍이 뚫리는 것이다. 따라서 구멍이 뚫리려면 비트가 잘 돌아가야 하며 또한 비트의 날이 무디지 않아야 한다.

[그림 3-9] 손드릴과 스크루드라이버

4 다듬기

유아들도 연습하면 전통적인 목공방법인 대패질에 익숙해진다. 유아들은 대패질을 하면서 "보세요, 선생님! 매끈매끈해졌어요!"하면서 자신의 행위에 대한 결과에 흥분한다. 특히 대패질할 때 말려 나오는 대패밥은 아동에게 대패질의 맛을 더해준다.

그러나 목재의 표면 전체를 부드럽게 다듬기 위하여 대패를 사용하는 방법보다는 표면이 거친 사포나 목공용줄(rasp)로 연마하는 방법이 더 많이 사용된다. 사포나 목공용줄은 대패와 같은 날이 날카로운 도구보다 더 안전할 뿐 아니라 다음 사진에서 보듯이 곡선을 다듬을 때 더 유용하게 사용된다. 먼저 원하는 모양으로 줄톱을 사용하여 목재를 자른 후 거친 부분을 목공용줄을 사용하여 곱게 다듬는다.

[그림 3-10] 대패와 목공용줄로 연마하기

모래종이(사포지)를 사용하면 거친 표면을 매끈하게 다듬을 수 있다. 특히 모래종이는 적당한 크기와 목재토막에 붙여 사용하면 유아가 손쉽게 다듬어 사용할 수 있고 모래종이도 아낄 수 있다. 나뭇결을 다듬는데 사용하는 사포지는 거친 것과 고운 것을 다양하게 준비한다. 면이 거친 사포와 고운 사포는 숫자로 표시되며, 위 그림에서 보듯이 숫자가 클수록 입자가 고운 사포이다. 먼저 거친 사포로 목재를 다듬은 후 고운 사포로 마무리하는 것이 좋다. 사포는 종이사포와 헝겊사포가 있으며 종이사포는 가장 거친 150방에서부터 220방, 320방, 360방, 400방, 600방, 800방, 1000방, 1200방이 있다. 헝겊사포는 40방에서부터 50방, 60방, 80방, 100방, 120방, 150방, 180방, 220방, 320방, 400방, 600방이 있다. 한편 스펀지 사포는 손으로 쥐었을 때 부드러운 느낌을 주며 사용이 편리하다. 특히 모서리나 곡선을 연마할 때 편리하다.

[그림 3-11] 헝겊사포 종이사포

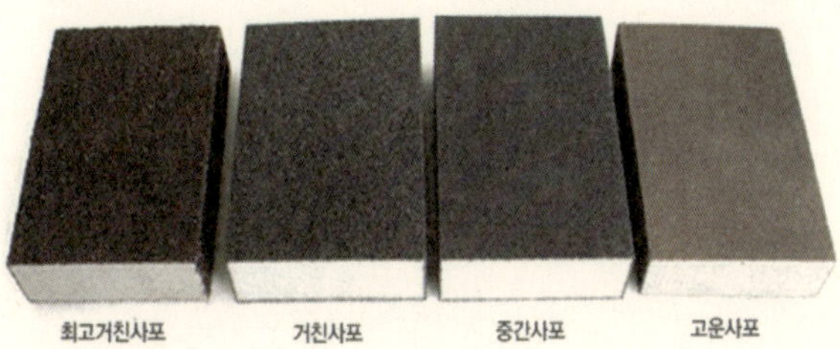

[그림 3-12] 스폰지사포

사포지 그대로 제공하는 것 보다 유아가 사용하기에 적당한 크기의 나무토막에 붙이면 손쉽게 다듬어지고 연마지도 절약된다. 적당한 크기의 나무막대에 목공용 본드로 사포를 붙여 사용하면 연마 작업이 더 쉬워진다.

최근에는 우리나라 목재를 사용하여 유아 목공놀이용 수공구가 제작, 판매되고 있다. 발도로프와 생태교육 목공교구로 사용하도록 제작되어 교실의 흥미영역에 배치할 수 있도록 했다는 점도 장점이다.

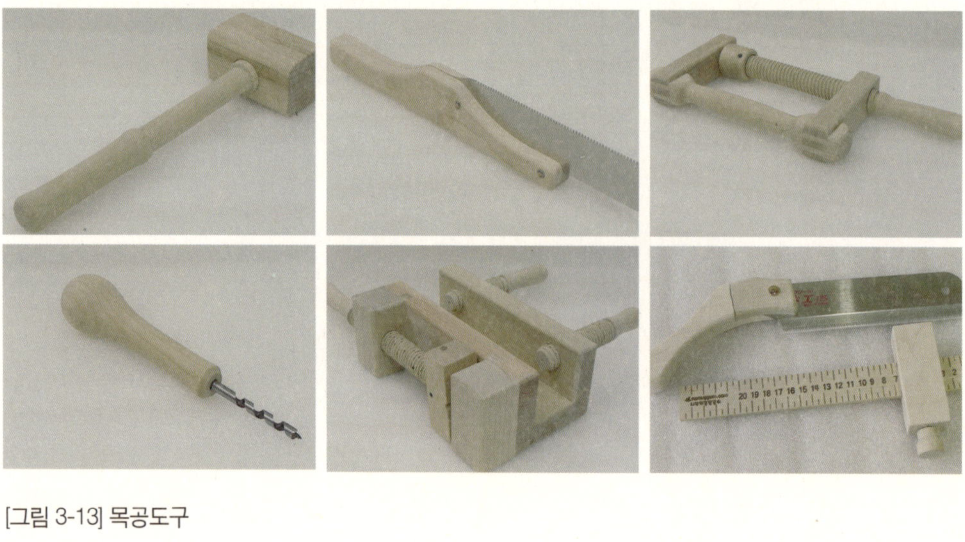

[그림 3-13] 목공도구

목공실에는 작업대와 각종 목재, 목공도구(망치와 톱, 대패)와 사포지 이외에 다음과 같은 도구와 재료를 준비해둔다.

✓ 펜치, 가위, 연필, 도면용지, 끈, 철사, 경첩 등의 보조 도구

✓ 길이를 잴 수 있는 다양한 종류의 자(줄자, 막자, T자 등)

✓ 나무에 구멍을 뚫을 때 사용하는 송곳

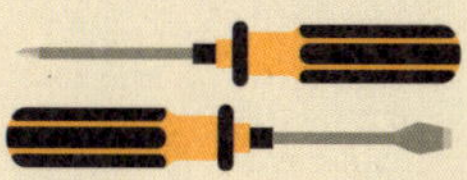

✓ 목공용본드, 아교, 글루건 등 접착제

✓ 도료(니스, 페인트 등)와 여러 가지 모양의 붓, 또는 아크릴 물감이나 유성매직

chapter

4

뚝딱뚝딱 유아목공

목재의 크기

• **기본 나무판**은 20㎝(가로) × 20㎝(세로) × 2㎝(두께)로 준비한다. 본문에서 재료 중 기본 나무판이라고 제시된 것은 바로 이 사이즈의 나무판을 의미한다.

• **카프라용 막대**는 2.5㎝(가로) × 90㎝(세로) × 0.7㎝(두께)로 준비한다. 본문에서 재료 중 카프라용 막대라고 제시된 것은 바로 이 사이즈의 막대를 의미한다.

• **도미노용 막대**는 5㎝(가로) × 90㎝(세로) × 1㎝(두께)로 준비한다. 본문에서 재료 중 도미노용 막대라고 제시된 것은 바로 이 사이즈의 막대를 의미한다.

• **주사위용 막대**는 5㎝(가로) × 90㎝(세로) × 5㎝(두께)로 준비한다. 본문에서 재료 중 주사위용 막대라고 제시된 것은 바로 이 사이즈의 막대를 의미한다.

• **기차용 막대**는 10㎝(가로) × 90㎝(세로) × 5㎝(두께)로 준비한다. 본문에서 재료 중 기차용 막대라고 제시된 것은 바로 이 사이즈의 막대를 의미한다.

• **색팽이용 막대**는 10㎝(가로) × 90㎝(세로) × 1㎝(두께)로 준비한다. 본문에서 재료 중 색팽이용 막대라고 제시된 것은 바로 이 사이즈의 막대를 의미한다.

• **나무막대세트**는 2.5㎝(가로) × 25㎝(세로) × 2.5㎝(두께)로 준비한다. 다양한 종류의 나무 목재를 동일한 크기로 준비한다. 가능한 나무의 색깔과 비중이 서로 다른 다양한 종류의 목재를 준비하는 것이 좋다. 주위에서 쉽게 찾아볼 수 있는 홍송이나 미송과 같은 소나무, 편백나무, 낙엽송, 오동나무, 느티나무, 단풍나무, 삼나무, 발사나무, 오크, 호두나무, 체리나무, 비취 등 다양한 나무막대세트를 준비한다.

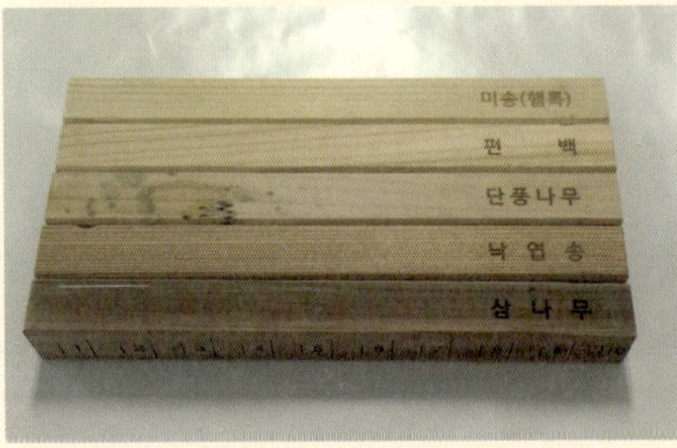

* 여기서 가로, 세로 길이나 두께는 상황에 맞게 조절할 수 있다.

나무막대세트는 전북대학교 에코하우징에서 구입 가능하다.

홈페이지 http://ecohousing.jbnu.ac.kr

이메일 canhwang@daum.net

나무종류	특성
단풍나무	· 단단하고 질겨서 가구 등에 자주 쓰임 · 야구방망이 만드는데 사용, 기타 등 악기의 재료로도 사용 · 나무색이 하얀색, 혹은 밝은 나무색 · 비중: 0.72 g/㎤
편백나무	· 목재표면이 매끄럽고 향이 좋은 편으로 원목 그대로의 형태로 가구를 만들어 사용 · 내수성이 강한 성질로 사우나나 욕조로 사용되기도 함 · 색은 연분홍색이 많이 남 · 비중: 0.41g/㎤
낙엽송	· 일본잎갈나무 · 심재는 갈색이고 변재는 백색으로 심변재의 구별이 뚜렷함 · 목재는 침목, 건축, 펄프 등의 원료로 많이 쓰임 · 비중: 0.61 g/㎤
미송	· 침엽수 · 심재와 변재가 뚜렷하게 구별되는데 심재는 연한 황갈색, 변재는 담황색 · 단단하고 긴 목재를 얻을 수 있어 건축, 토목이나 선박건조용으로 이용 · 우리나라에서는 합판 등 기초목재로 많이 사용 · 더러움을 잘 타고 진이 스며 갈라지기 쉬운 약점 · 비중: 0.45 g/㎤
삼나무	· 변재와 심재의 경계가 뚜렷한데 변재는 백색, 심재는 담홍색 또는 암적갈색 · 재질이 좋고 특유의 향기가 있어 가구재, 건축재, 장식재 등으로 사용 · 가볍고 잘 쪼개져 가공하기 쉽다 · 비중: 0.39 g/㎤

출처: https://ko.wikipedia.org

4장

woodworking

1 나무는 내친구

1. 나무와 친해져요.

2. 숲속 이야기

3. 나무의 색이 달라요.

4. 나무에도 나이가 있어요.

5. 나무도 숨을 쉬어요.

6. 나무의 무게가 달라요.

7. 나무가 물에 떠요.

1. 나무와 친해져요

대상연령	· 3-5세
활동목표	· 나무의 특성에 대해 안다. · 나무로 만든 여러 가지 물건에 대해 안다.
누리과정 관련요소	· 자연탐구 > 과학적 탐구 > 물체와 물질의 기본특성알기
생활주제	· 동식물과 자연 · 봄, 여름, 가을, 겨울

활동 자료

다양한 종류의 나무 사진, 다양한 나뭇가지나 조각, 나무로 만든 모형들, 스케치북, 싸인펜

활동 방법

❶ 우리 주변에 나무로 만든 것은 무엇이 있는지 찾아보고 발표해본다.

"나무로 뭘 만들 수 있을까?"

"우리 교실에서 나무로 만든 물건은 무엇이 있을까?"

"우리 집에는 나무로 만든 물건이 무엇이 있을까?"

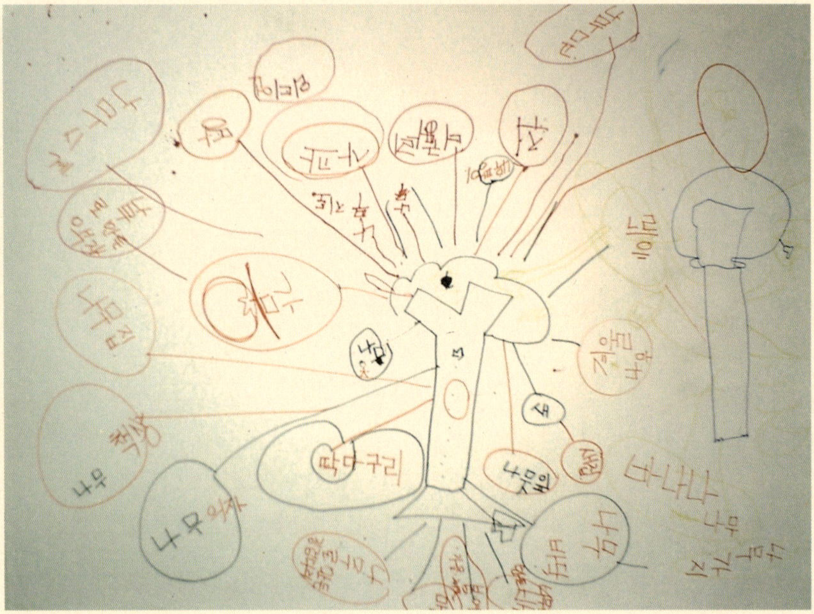

❷ 다양한 나뭇가지나 조각들을 관찰하며 나무의 특성을 알아본다.

"나무를 만져보니 느낌이 어때?"

"나무껍질의 촉감은 어때?"

"이 나무는 무슨 색이야?"

"나무 냄새도 한번 맡아보자."

❸ 나무 조각의 원래 모양을 상상해본다.

"우리가 만져본 나무들은 원래 어떤 모습이였을까?"

"이 나무의 나뭇잎은 어떤 모양일까?"

"우리가 만져본 나무들의 원래 모습을 상상해서 그려보자."

❹ 다양한 나무 사진을 보면서 나무의 종류에 대해 알아본다.

"나뭇잎 모양이 넓적한 것은 활엽수라고 하고, 뾰족한 것은 침엽수라고 해요."

[그림 4-1] 침엽수(바늘잎), 활엽수(넓은잎)

[그림 4-2] 침엽수, 활엽수

❺ 밖으로 나가 침엽수와 활엽수를 찾아본다.

4장

"우리 밖으로 나가서 침엽수와 활엽수를 찾아보자."

"나뭇잎의 모양을 제외하고 침엽수와 활엽수의 다른점은 또 뭐가 있는지 찾아보자."

[그림 4-3] 침엽수, 활엽수의 가지

활동의 유의점

다양한 나무의 종류(침엽수, 활엽수) 사진이나 자료를 준비한다.

확장 활동

실외에서 다양한 나뭇잎을 주워서 침엽수와 활엽수로 나눠 보고 분류해서 붙여본다.

★ 침엽수와 활엽수 나뭇잎을 붙여보아요 ★

침엽수	활엽수

침엽수

식물 분류학상 겉씨식물 중에서 구과식물毬果植物에 속하는 수목이다.

잎이 대개 바늘같이 뾰족하지만 나한송 같이 잎이 넓은 것도 있다. 혹독한 기후에 잘 적응하기 때문에 종종 산악과 아한대 지역의 수목한계선을 형성한다. 건조와 추위에 강하므로 북반구의 위도가 높은 지대에 많고 침엽수림을 형성한다.

시베리아와 캐나다 등지에 광대한 면적의 침엽수림이 있다. 지구상에는 550종의 침엽수가 있다. 북반구의 온대, 아한대에 형성된 천연림의 주림목主林木은 침엽수로 주요 조림수종도 한국의 잣나무, 소나무, 삼나무 등과 같이 침엽수이다.

한국에는 14속 44종이 자라고 설악눈주목을 비롯하여 구상나무 및 풍산가문지 등 특산종이 있으며, 한라산, 지리산, 설악산, 덕유산 등 고산지대에 분포한다. 한국에서 자라는 주요 침엽수종인 소나무는 전국에 퍼져있고, 곰솔은 중부 이남의 바닷가에서 자라며, 그 밖에 잣나무, 전나무, 분비나무, 가문비나무, 종비나무, 잎갈나무, 주목 등이 있다. 눈잣나무와 눈측백 등은 고산지대 일부에서 자라며, 솔송나무가 울릉도에서 자란다. 요즘은 향나무, 주목 등을 관상용으로 가꾸고 있다.

침엽수는 전체적으로 밝은 색을 가지고 있고 강도는 활엽수보다 약하다는 특징을 가지고 있다. 저렴한 가격으로 목재를 구입할 수 있고 부드러워서 가공이 편하다. 그러나 너무 부드러운 나머지 찍힘이나 눌림에 약한 편이다.

[그림 4-4] 침엽수 - 잣나무

[그림 4-5] 침엽수 - 소나무

활엽수

평평하고 넓은 잎이 달리는 나무의 총칭으로 분류상은 속씨식물 중에서 쌍떡잎식물류에 속하는 나무이다. 꽃은 다양하며, 화려한 것도 많이 있다. 겉씨식물인 은행나무, 나한송, 외떡잎식물인 야자나무류 등 쌍떡잎식물 이외에도 평평하고 넓은 잎이 달리는 나무는 있지만 보통 이를 활엽수라고 하지 않는다.

상록성인 것과 낙엽성인 것의 두 가지가 있는데 각각 상록활엽수, 낙엽활엽수라고 한다. 상록수인 경우 숲의 경관에 중후하고 변화있는 느낌을 주고 겨울에도 잎이 살아있어 녹색이다. 낙엽수인 경우 경쾌하고 명랑한 느낌을 주는 것으로 겨울엔 잎이 없다. 침엽수림은 주로 아한대에 발달하지만, 상록활엽수림은 대개 열대 또는 난대에 많아 우리나라의 경우 남해안 지역과 제주도에 상록활엽수 숲이 많다. 낙엽활엽수림은 온대의 특징을 가지고 있어 우리나라에서는 중부지방의 숲에서 많이 볼 수 있다.

활엽수의 대표 수종은 밤나무, 개암나무, 호두나무, 포플러, 오동나무, 참나무류, 느티나무, 물푸레나무 등이 있다. 나뭇잎이 크고 가을에 단풍이 들기도 한다. 과일을 생산하기도 하고 목재의 용도로 사용하기도 한다. 활엽수는 나무의 무늬가 아름답고 단단하여 가구나 목공예품 재료로 많이 이용된다. 침엽수에 비해 무겁고 단단한 나무들이 많아 가공하기 어렵다.

[그림 4-6] 활엽수 - 떡갈나무

[그림 4-7] 활엽수 - 단풍나무

2. 숲 속 이야기

대상연령	· 3-5세
활동목표	· 숲의 생성과정에 대해 안다.
누리과정 관련요소	· 자연탐구 > 과학적 탐구 > 생명체와 자연환경 알아보기
생활주제	· 동식물과 자연

활동 자료

숲의 생성에 관한 사진이나 그림자료

활동 방법활동 방법

❶ 숲에 대해 이야기 나눈다.

"숲에는 어떤 동물이 살고 있을까?"

"봄과 여름에는 숲속이 어떻게 변화할까?"

"가을과 겨울에는 숲속이 어떻게 변화할까?"

❷ 숲에 어떤 나무들이 있는지 이야기 나눈다.

"숲에는 어떤 나무들이 있을까?"

"숲에 있는 나무들의 종류에 대해 이야기 해보자."

❸ 숲이 어떻게 생성되었는지 이야기 나눈다.

"숲에 있는 나무들은 누가 심어놓은 걸까?"

"숲에 나무들은 어떻게 자란걸까?"

활동의 유의점

다양한 나무 종류의 그림이나 사진자료를 준비한다.

[그림 4-8] 대나무 숲

[그림 4-9] 자작나무 숲

[그림 4-10] 편백나무 숲

[그림 4-11] 은행나무 숲

[그림 4-12] 참나무 숲

[그림 4-13] 소나무 숲

3. 나무의 색이 달라요

대상연령	· 3-5세
활동목표	· 나무의 색을 비교할 수 있다.
누리과정 관련요소	· 자연탐구 > 과학적 탐구 > 물체와 물질의 기본특성 알기 · 자연탐구 > 탐구하는 태도 기르기 > 호기심을 유지하고 확장하기
생활주제	· 동식물과 자연

활동 자료

다양한 색의 나무막대나 나무 set, 돋보기, 스케치북, 싸인펜

활동 방법

❶ 다양한 색의 나무막대나 나무 set를 보면서 나무의 색에 대해 이야기해 본다.

"이 나무의 색은 어떤 색일까요?"

"나무의 색은 어떤 색에 가깝나요?"

❷ 다양한 나무의 색을 자세히 관찰해 본다.

"나무의 색이 가장 진한 것은 어떤 것인가요?"

"나무의 색이 가장 연한 것은 어떤 것인가요?"

"나무의 색이 가장 진한 것부터 가장 연한 것으로 순서대로 배열해보자"

❸ 나무의 종류에 따라 나무의 색이 어떻게 다른지 관찰한다.

"침엽수인지 활엽수인지에 따라 나무색이 다를까?"

"여기있는 나무를 침엽수와 활엽수로 나눠보고 나무의 색을 관찰해보자"

활동의 유의점

다양한 종류와 색의 나무를 골고루 준비한다.

나무의 색

나무마다 다 색깔이 다르다. 또 같은 종류의 나무라도 어느 지역에서 자라느냐에 따라서, 또 심재[1]냐 변재[2]냐에 따라서도 색상과 느낌이 다르다.

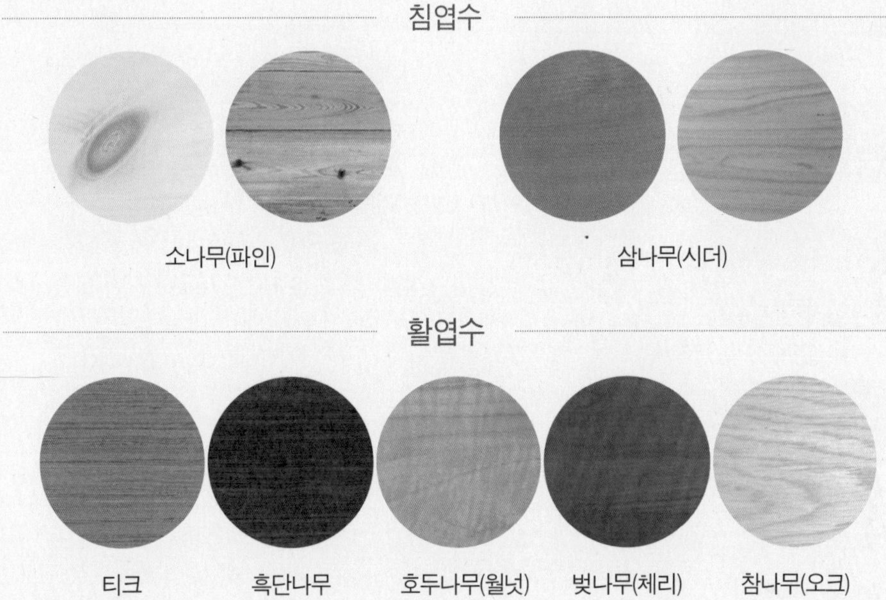

[그림 4-14] 나무의 색

1 심재는 목재 중심에 가까운 목질 부분이며 지탱해주는 역할을 담당하고 있다. 변재에 비해 뒤틀림, 변형이 적고 내구성이 강하며 화학물질의 함량이 많아 짙은색을 나타낸다.

2 변재는 심재 바깥쪽부터 껍질까지 비교적 옅은색을 가진 부분을 말한다. 일반적으로 변재는 심재보다 물이 많고 물리적 성질이 약하며 곤충에 대해 피해를 입는 정도도 심재에 비해 크다.

4. 나무에도 나이가 있어요

대상연령	· 3-5세
활동목표	· 나이테에 대해 안다. · 나이테를 보고 나무의 나이를 추측할 수 있다.
누리과정 관련요소	· 자연탐구 > 과학적 탐구 > 물체와 물질의 기본특성 알기 · 자연탐구 > 탐구하는 태도 기르기 > 호기심을 유지하고 확장하기
생활주제	· 동식물과 자연 · 생활도구

활동 자료

나이테가 나타나 있는 다양한 나무토막, 돋보기, 스케치북, 싸인펜

활동 방법

❶ 돋보기를 보여주면서 이야기 나눈다.

"이것은 어떻게 사용하는 도구일까요?"

"이것의 이름은 무엇일까요?"

❷ 돋보기의 사용 용도에 대해 이야기 나눈다.

"이것의 이름은 돋보기라고 해요. 돋보기를 사용하는 모습을 본 적이 있나요?"

"돋보기를 이용하면 물건을 크게 볼 수 있어요. 여기 나무조각을 보세요? 뭐가 보이나요?"

❸ 나이테가 나타나 있는 나무토막을 보면서 나이테에 대해 이야기해 본다.

"여기 나무에 동그란 무늬가 있는데 이건 뭘까요?"

"다른 나무에도 동그란 무늬가 있는지 찾아볼까요?"

4장

❹ 다양한 나무들의 나이테를 자세히 관찰해 본다.

"나이테 부분을 만져보면 어떤 느낌이 드나요?"

"나이테의 모양은 어떻게 생겼는지 눈으로 관찰해보고 관찰한 나이테의 모양을 한번 그려보자."

"돋보기를 이용해서 나이테를 관찰해보고 관찰한 나이테의 모양을 한번 그려보자."

❺ 나이테를 통해 나무의 나이를 추정해본다.

"나무의 나이는 어떻게 알 수 있을까?"

"나무의 나이는 나이테로 알 수 있다는데 이 나이테로 어떻게 나무의 나이를 알 수 있을지 생각해보자."

"이 나무의 나이테를 한번 세어보고 나무의 나이를 맞춰보자."

활동의 유의점

다양한 종류와 수령의 나무를 골고루 준비해 나이테를 관찰한다.

확장 활동

다양한 수령의 나무의 나이테를 관찰해 그려본다.

온대지방의 나무는 봄이 오면 나무껍질 바로 아래에 있는 부름켜에서 겨울 동안 쉬고 있던 세포가 분열을 시작해 밖으로 부피를 늘여가기 시작하여 5월까지 왕성하게 분열한다. 이 시기에 만들어진 세포는 크고 세포벽이 얇으므로 부드럽고 색도 연해 이를 '춘재'春材라고 부른다. 6월에 들어서면 잎이 무성해지고 광합성이 활발해지면서 세포분열 횟수는 느려진다. 이때 만들어진 세포는 크기가 작고 세포벽이 두꺼우며 단단하고 진한 색을 나타낸다. 세포분열은 7월을 고비로 급격히 둔화되며 8월말에서 늦어도 9월 중순에 이르면 모든 분열활동을 중단하고 이듬해 봄까지 긴 잠 속에 빠진다. 이렇게 '하재'夏材라는 부분이 생긴다. 1년 동안 자란 춘재와 하재를 합친 것이 나이테이며, 나무가 살아 있는 동안은 매년 하나씩 추가된다. 나이테는 1년 동안의 계절변화가 뚜렷한 온대나 한대지방에서 자라는 나무에만 생긴다. 여름이 계속되는 열대지방에서는 건기와 우기에 따라 희미한 테가 생기기도 하나 진정한 의미의 나이테는 나타나지 않는다.

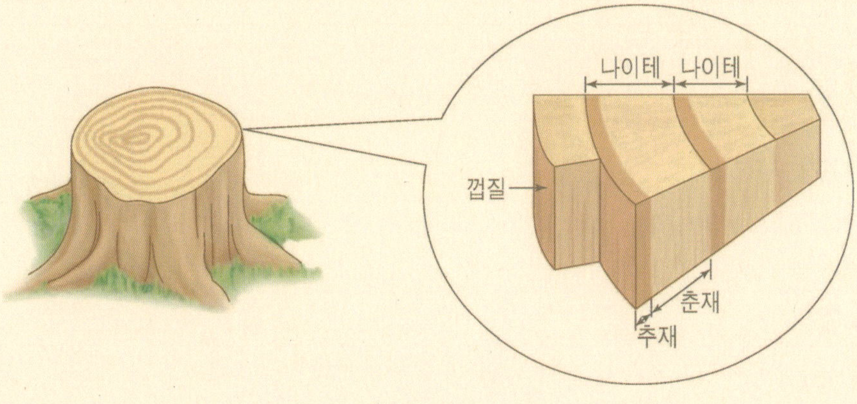

[그림 4-15] 나무의 나이테

5. 나무도 숨을 쉬어요

대상연령	· 3-5세
활동목표	· 물체의 움직임을 관찰해 본다. · 나무에 구멍이 있음을 안다
누리과정 관련요소	· 자연탐구 > 탐구적 태도 > 탐구과정 즐기기 · 자연탐구 > 탐구적 태도 > 물체와 물질의 기본특성 알기
생활주제	· 동식물과 자연 · 생활도구

활동 자료

스케치북, 싸인펜, 돋보기, 비눗물, 작은 그릇, 두 종류 이상의 나무막대

활동 방법

❶ 두 종류 이상의 나무 막대를 준비한다.

"사람들은 코로 숨을 쉬는데 나무는 어떻게 숨을 쉴 수 있을까?"

"여기 있는 나무막대도 숨을 쉴 수 있을까?"

"나무가 어떻게 숨을 쉴 수 있는지 알아보자."

❷ 나무막대의 단면을 관찰해 본다.

"나무막대의 단면을 관찰해 보자."

"뭐가 보이나요? 잘 보이지 않으면 돋보기를 사용해볼까?"

❸ 비눗물을 준비하고 나무토막에 비눗물을 묻혀서 비눗방울을 불어본다.

"나무토막을 가지고 비눗방울을 불 수 있을까요?"

"비눗방울이 불어지나요?"

"어떤 나무가 비눗방울이 잘 불어지나요?"

"비눗방울이 잘 불어지는 나무와 비눗방울이 잘 불어지지 않는 나무를 구별해보자."

❹ 나무에 구멍이 있음을 알려준다.

"어떻게 나무로 비누방울을 불 수 있었을까요?"

"나무에는 숨을 쉴 수 있는 구멍이 있어요. 그 구멍이 있어서 비누방울이 잘 불어질 수

4장

있었어요."

❺ 비눗방울이 잘 불어지는 나무는 어떻게 생겼는지 단면을 관찰한다.

"비눗방울이 잘 불어진 나무를 찾아보고 돋보기로 단면을 관찰해보자."

"나무에 있는 구멍이 어떤 모양인지 그림으로 그려보자."

활동의 유의점

· 비누방울이 잘 불어지게 하려면

글리세린, 물, 세제를 1: 48: 4의 비율로 하세요.

비누방울은 맑은 날보다는 무덥고 습기가 많은 날 잘 불어진다.

· 나무는 레드오크를 준비하면 구멍이 많아 비눗방울이 잘 불어진다.

확장 활동

비눗방울이 잘 불어지는 나무와 잘 불어지지 않는 나무를 분류해 보고 그 나무들의 특징을 정리해본다.

목재는 다공질체이다

목재는 세포로 이뤄진 다공질체로써 세포 내부에 공기가 내포되어 있다. 목재가 공기를 통과하는 것은 도관 속이 공동空洞으로 되어있기 때문이다.

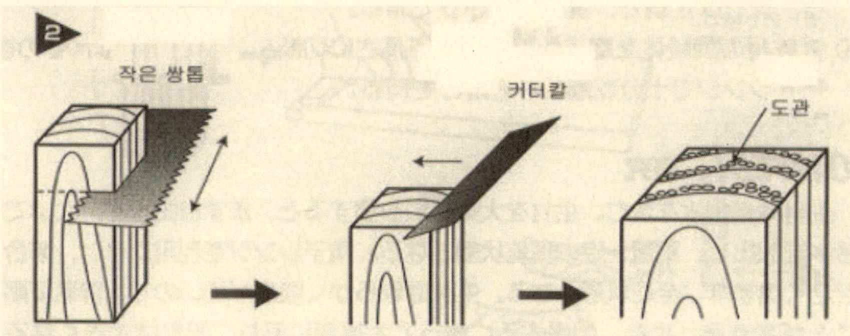

6. 나무의 무게가 달라요

대상연령	· 3-5세
활동목표	· 나무의 무게를 측정할 수 있다. · 양팔저울을 이용해 무게를 비교할 수 있다.
누리과정 관련요소	· 자연탐구 > 과학적 탐구 > 물체와 물질의 기본특성 알기
생활주제	· 동식물과 자연 · 생활도구

활동 자료

나무 set , 양팔저울

활동 방법

❶ 나무 set 의 나무들의 무게를 느껴본다.

"여기 있는 나무들을 손으로 들어보고 어떤 것이 가장 무거운지, 어떤 것이 가장 가벼운지 비교해보자."

"각자 손으로 들어 무게를 재본 나무를 무거운 것부터 가벼운 것까지 순서대로 놓아보자."

❷ 양팔저울을 제시하고 양팔 저울에 대해 설명한다.
"양팔저울을 본 경험이 있나요?"
"양팔저울은 어떤 경우에 사용할까요?"
"양팔저울로 무엇을 알 수 있을까요?"

❸ 양팔저울을 이용해 나무 set 의 나무막대들의 무게를 재본다.
"양팔저울을 이용해 나무막대의 무게를 측정해 보자."

❹ 손으로 들어 무게를 예측한 것과 양팔저울로 측정한 나무막대의 무게가 일치하는지 살펴보고 무거운 것부터 가벼운 것까지 나무막대를 순서대로 나열한다.
"어떤 나무막대가 가장 무거웠나요?"
"어떤 나무막대가 가장 가벼웠나요?"
"무거운 순서대로 나무막대를 나열해 볼 수 있을까요?"

활동의 유의점

나무 set 이외에도 같은 크기의 다양한 종류의 나무를 골고루 준비해 나무의 무게를 비교해 볼 수 있다.

7. 나무가 물에 떠요

대상연령	· 3-5세
활동목표	· 물에 뜨는 것과 뜨지 않는 나무를 비교한다. · 나무의 비중에 대해 안다.
누리과정 관련요소	· 자연탐구 > 탐구하는 태도기르기 > 탐구과정 즐기기 · 자연탐구 > 과학적 탐구 > 물체와 물질의 기본특성 알기
생활주제	· 동식물과 자연

활동 자료

나무 set , 투명수조, 물, 톱

활동 방법

❶ 나무 set 의 나무막대를 가지고 무게를 느껴본다.

"나무막대를 손으로 들어 무게를 느껴보자."

❷ 나무막대를 넣기 전에 나무조각이 뜰지 가라앉을지 예측해본다.

"이 나무막대를 물에 넣으면 뜰까요? 가라앉을까요?"

❸ 수조에 물을 넣고 일정 길이로 자른 나무막대를 넣어 본다.

"물에 뜬다고 예측한 나무막대를 물에 넣어볼까요?"

"물에 가라앉는다고 예측한 나무막대를 물에 넣어볼까요?"

"나무막대는 왜 물에 뜬다고 생각해요?"

❹ 물에 뜨는 것과 물에 가라앉는 나무막대는 어떤 것인지 기록해 본다.

활동의 유의점

나무 set 이외에도 같은 크기의 다양한 종류의 나무를 골고루 준비해 나무의 무게를 비교해 볼 수 있다.

확장 활동

나무를 수조가 아닌 같은 양의 물을 넣은 플라스크에 하나씩 넣어 비교해 볼 수도 있다.

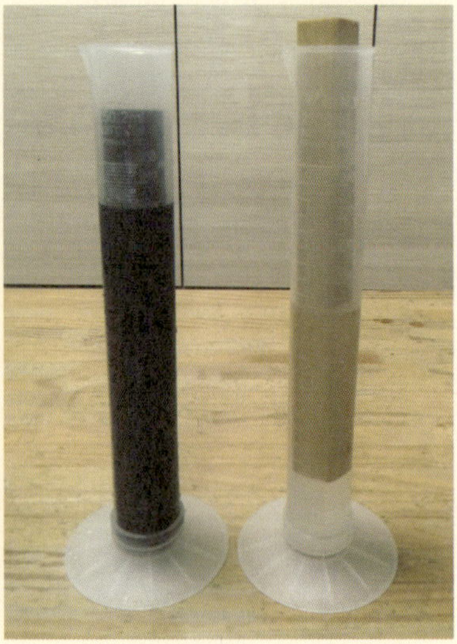

목재의 비중

· 비중: 물보다 몇 배 무거운가를 나타내는 정도

· 목재의 비중은 동일 수종이라도 연륜(나이테), 밀도, 생육지, 수령에 따라서 다소 다르다. 심재는 변재보다 비중이 크다. 심재의 양이 많이 많을수록, 조직이 치밀할수록, 춘재보다 추재가, 나이테의 폭이 좁을수록 비중이 크다.

· 조직이 성긴 침엽수보다 조직이 치밀한 활엽수가 비중이 크다.

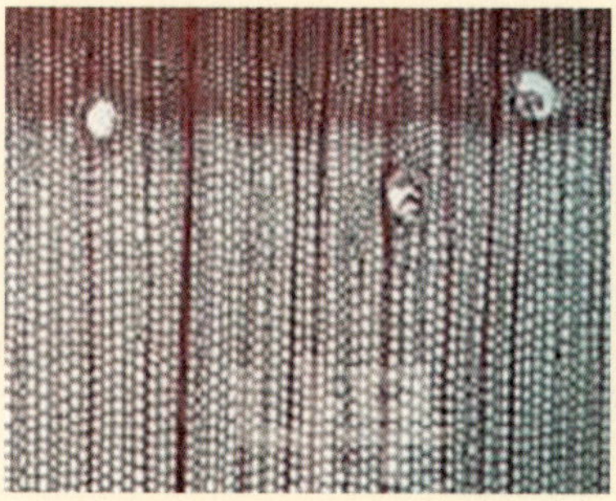

[그림 4-16] 침엽수(소나무)

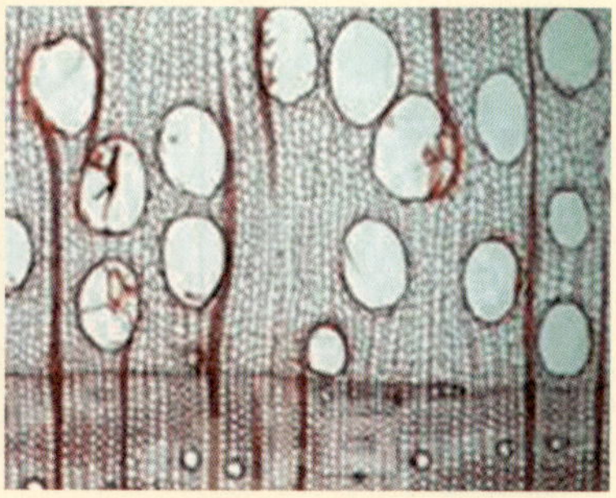

[그림 4-17] 활엽수(오동나무)

· 목재가 물에 뜨는 것은 물보다도 밀도가 작기 때문이고, 이것은 목재가 많은 공극을 갖는 다공질 재료라는데 기인한다. 흑단과 같이 물보다도 밀도가 커서 가라앉는 목재도 있다.

· 세계에서 가장 가벼운 나무는 중남미 목재인 발사(balsa)이다. 비중은 0.12~0.15로 가벼우며 강도가 매우 약하다. 내구성이 낮고 가공과 건조는 용이하여 항공기, 절연재, 구명구 등으로 사용된다.

· 세계에서 가장 무거운 나무는 중남미 목재인 리그넘-바이타lignum-vatae로 비중은 1.1~ 1.3 전후이다. 내구성이 대단히 커 건조는 곤란하고 매우 늦으며 가공이 곤란한 단점을 가지고 있다. 용도는 도르레(활차), 가구의 다리부분 등에 사용된다.

woodworking

2 기초 목공활동

1. 목걸이
2. 뚝딱뚝딱 망치질
3. 두드려보아요.
4. 신기한 대패질
5. 쓱싹쓱싹 톱질하세
6. 마음대로 잘라봐요.
7. 선을 따라 잘라봐요.
8.구멍을 뚫어 보아요.

1. 목걸이

대상연령	· 3–5세
활동목표	· 나무조각들을 다양하게 이용할 수 있다. · 여러 가지 재료와 도구를 활용하여 자유롭게 만들고 꾸며본다.
누리과정 관련요소	· 신체운동 · 건강 > 신체활동참여 > 여러가지 기구를 이용하여 신체활동하기 · 자연탐구 > 과학적 탐구 > 도구와 기계 활용하기
생활주제	· 동식물과 자연

활동 자료

다양한 나뭇가지 조각, 전지가위, 오공본드, 노끈 또는 열쇠고리, 핸드폰고리, 나뭇가지 판(지름 5cm정도)

활동 방법

❶ 다양한 나뭇가지 조각들을 제시한다.

"여기 이 나무조각들을 가지고 무엇을 만들 수 있을까요?"

"오늘은 이 나무조각들을 가지고 우리 가족에게 줄 선물을 만들어 볼거에요."

❷ 얇게 자른 나뭇가지판 위에 잘라진 조각들을 오공본드를 이용하여 예쁘게 꾸민다.

❸ 전지가위를 이용하여 필요한 나뭇가지를 원하는 크기, 모양으로 자를 수 있다.

❹ 액세사리 끈을 연결하여 목걸이, 핸드폰 고리를 완성한다.

활동의 유의점

다양한 크기와 모양의 조각을 제공할수록 창의적인 작품을 만들 수 있다.

2. 뚝딱뚝딱 망치질

대상연령	· 3–5세
활동목표	· 망치로 못 박는 방법을 익힌다. · 손과 눈의 협응력을 기른다.
누리과정 관련요소	· 신체운동 · 건강 > 신체활동참여 > 여러 가지 기구를 이용하여 신체활동하기 · 자연탐구 > 과학적 탐구 > 도구와 기계 활용하기
생활주제	· 생활도구

활동 자료

통나무나 두꺼운 나무판, 다양한 크기의 나무조각, 망치, 펜치, 다양한 크기의 못

활동 방법

❶ 통나무나 두께가 두꺼운 나무판을 준비한다.

"망치를 이용해서 못을 박아 본 경험이 있는 친구 있어요?"

"망치질은 어떻게 하는 거예요?"

"오늘은 여기 나무에 못을 박아 볼거에요."

4장

❷ 망치질 하는 방법을 설명해준다.

"망치질을 할 때 손이 다치지 않게 하려면 어떻게 하는 것이 좋을까요?"

"못을 박을 때 손이 다치지 않게 하기 위해서는 펜치로 못을 잡아주고 망치로 못의 머리를 똑바로 보고 내려쳐 줘야 해요."

❸ 나무의 어느 곳을 박을 때 못이 더 잘 박히는지 관찰하면서 못을 박아본다.

"나이테 부분에 못을 박아보세요. 잘 박아지나요?"

"이번에는 나이테 말고 다른 부분에 못을 박아보세요."

"나무에 못을 박을 때는 나이테와 나이테가 아닌 곳 어떤 곳에 못을 박아야 잘 박아지나요?"

❹ 다양한 크기의 못을 박아 본다.

활동의 유의점

망치질을 할 때 어떤 각도와 높이로 망치를 내려칠 때 못이 잘 박아지는지 직접 경험해 본다.

확장 활동

통나무에 다른 나무를 덧대어 못을 박아본다.

4장

3. 두드려 보아요

대상연령	· 3-5세
활동목표	· 망치질을 익숙하게 할 수 있다. · 독창성을 기른다.
누리과정 관련요소	· 자연탐구 > 과학적 탐구 > 도구와 기계 활용하기 · 예술경험 > 예술적 표현 > 여러 가지 미술재료 사용하기
생활주제	· 생활도구

활동 자료

기본 나무판, 망치, 못, 클립, 옷핀, 동전, 물감세트, 철사, A4용지, 한지

활동 방법

❶ 목판화 작품을 보면서 느낌을 이야기한다.

"이 작품은 어떻게 만든걸까요?"

"이건 목판화라고 해요. 목판화는 나무를 이용해서 만드는 작품이에요."

"우리도 이런 목판화를 한번 만들어 볼까요."

❷ 나무판 위에 여러 물건(못, 클립, 동전, 철사)을 올려놓고 망치로 두드려 모양을 낸다.

"자기가 원하는 모양을 올려놓고 망치질을 해보자."

"망치로 강하게 두드릴 때와 약하게 두드릴 때 나무판이 찍히는 모양의 차이가 있나요?"

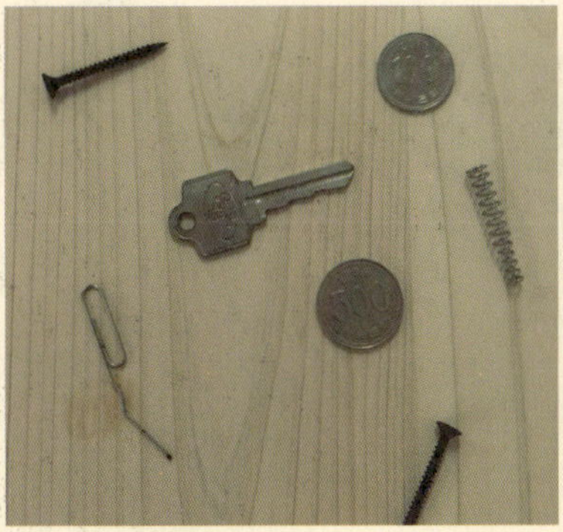

❸ 목판에 물감을 묻힌 후 한지에 찍어본다.

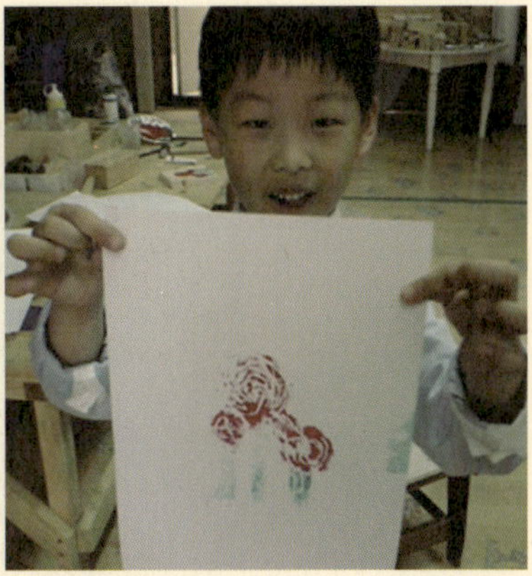

활동의 유의점

나무판은 너무 단단하지 않은 나무판을 준비해 다양한 모양이 나올 수 있도록 한다.

✓ 목판화의 예

최병수〈장산곶매〉

뒤러〈요한계시록〉

무른 나무(연재, soft wood)

· 연재는 주로 침엽수에서 얻어진다.
· 침엽수로 판재를 만들며 엷은 노란색에서부터 적갈색에 이르기까지 비교적 밝은 색을 띈다.
· 나이테의 춘재와 추재 사이에 색과 밀도가 서로 대비되는 고유한 나무결이 나타난다.
· 전세계적으로 상업적 침엽수의 최고 원산지는 북반구로 유럽과 미국의 북극지방과 남동부에까지 분포되어 있다.
· 침엽수는 상대적으로 빨리 성장하고 줄기가 곧게 뻗기 때문에 인공삼림에서 기르는데 적합하다.
· 활엽수에 비해 생산양이 많고 가격이 저렴하여 건축구조재, 가구 재료로 많이 쓰인다.
· 재질이 물러 가공이 수월하며, 섬유질 판재나 제지를 만드는데도 많이 쓰인다.
· 삼나무, 전나무, 낙엽송, 소나무, 세쿼이어, 가문비나무, 편백나무, 은행나무, 향나무 등

단단한 나무(경재, hard wood)

· 경재는 주로 활엽수에서 얻어진다.
· 연재에 비해 일반적으로 내구성이 뛰어나고 색, 조직, 무늬도 더 다양하다.
· 연재에 비해 많이 비싸다.
· 무늬목으로 만들어진다.
· 전세계적으로 분포되어 있고 비교적 성장이 느리다.
· 단단한 재질 뿐 아니라 예쁜 색상을 내는 나무가 많고 내구성이 좋아 가구로 만들면 튼튼하고 오래간다.
· 단단한 만큼 가공이 어렵다.
· 오리나무, 물푸레나무, 너도밤나무, 자작나무, 벚나무, 흑단, 마호가니, 단풍나무, 오크, 티크, 호두나무 등

출처: 아름다운 목가구 만들기(2006), 앨버트잭슨, 데이비드데이 저 김재묵 옮김, 다섯수레

4. 샌딩블럭 만들기

대상연령	· 3–5세
활동목표	· 사포를 사용하기 편리하게 만들어 본다.
누리과정 관련요소	· 자연탐구 > 과학적 탐구 > 간단한 도구와 기계 활용하기
생활주제	· 생활도구

활동 자료

나무조각, 사포, 오공본드

활동 방법

❶ 샌딩블럭을 보여주고 이야기 나눈다.

"이것은 어떻게 사용하는 걸까요?"

"이것을 만든 재료는 무엇일까요?"

"이것은 샌딩블럭이라고 해요. 사포질을 좀 더 쉽게 할 수 있도록 도와주는 역할을 해요."

"우리 샌딩블럭을 만들어 볼까요."

❷ 준비된 나무조각보다 여유있게 사포를 잘라둔다.

"여기있는 사포를 잘라볼거에요. 잘라논 사포가 이 나무조각을 완전히 감쌀 수 있도록 나무조각보다 크게 잘라줘야해요."

❸ 잘라둔 사포에 오공본드를 발라준다.

"사포 뒷면에 오공본드를 발라줄거에요. 되도록 꼼꼼하게 발라주세요."

❹ 오공본드를 발라논 사포위에 나무조각을 올려놓고 단단하게 싸준다.

❺ 만들어진 샌딩블럭을 이용해 나무를 다듬어 본다.

활동의 유의점

사포가 너무 작게 잘라지지 않도록 유의한다.

확장 활동

다양한 크기의 나무조각, 나무 막대를 이용해 여러 가지 모양의 샌딩블럭을 만들어 활용해 본다.

5. 신기한 대패질

대상연령	· 3-5세
활동목표	· 대패를 이용해서 나무를 다듬는 방법을 알 수 있다. · 다양한 도구를 이용한 움직임을 탐색해 본다. · 일상생활에서 일어나는 흥미 있는 상황에 호기심을 가진다.
누리과정 관련요소	· 자연탐구 > 과학적 탐구하기 > 간단한 도구와 기계 활용하기 · 예술경험 > 심미적 탐색 > 미술적 요소 탐색하기
생활주제	· 생활도구 · 동식물과 자연

활동 자료

다양한 나무판, 대패

활동 방법

❶ 대패를 보여주며 이야기나눈다.

"이거 본적 있니? 사용해 본적은 있니?"

"이것은 뭐할 때 사용하는 도구일까?"

4장

"이 도구의 이름은 뭘까?"

❷ 대패의 사용방법을 설명해준다.

"이것은 대패라고 해요."

"대패는 나무의 결을 다듬는데 사용해요."

"대패질을 할 때는 한쪽 방향으로 해야 해요."

❸ 2명씩 짝을 지어서 대패질을 해본다.

"한 친구는 나무가 움직이지 않도록 잡아주고 다른 친구는 대패를 사용해서 나무를 부드럽게 다듬어 보자."

"둘이 역할을 바꿔서 해볼까요?"

"익숙해지면 혼자서 해보자."

❹ 다양한 목재를 다듬어 보면서 느낌을 이야기 한다.

"대패로 다듬기 전의 나무와 다듬은 후의 나무를 만져보면 표면이 어떻게 다른가요?"

"여기 단단한 나무와 무른 나무가 있는데 이것들을 다듬어 봤을 때 차이가 있나요?"

"단단한 나무와 무른 나무의 대패밥은 차이가 있나요?"

★ 확장 활동

대패밥을 모아 대패밥을 활용한 활동을 진행할 수 있다.

6. 쓱싹 쓱싹 톱질하세

대상연령	· 3–5세
활동목표	· 안전하게 톱을 사용할 수 있다.
누리과정 관련요소	· 신체운동 · 건강 > 신체활동참여 > 여러 가지 기구를 이용하여 신체활동하기 · 자연탐구 > 과학적 탐구 > 도구와 기계 활용하기
생활주제	· 생활도구

활동 자료

톱, 다양한 나무, 바이스

활동 방법

❹ 톱을 보며주면서 톱의 용도에 대해 이야기 나눈다.

"이것의 용도는 무엇일까?"

❷ 톱의 사용방법을 알려준다.

"톱은 나무를 자를 때 사용하는데 켜는 톱과 자르는 톱이 있어요."

"톱을 사용할 때는 양 발을 어깨 넓이로 벌리고 한 발을 조금 앞으로 내밀어 줘야 해요."

❸ 바이스로 나무를 고정하고 톱질을 한다.

" 여기 이 바이스는 나무가 움직이지 않게 잡아주는 역할을 해요."

" 톱질을 할 때는 밀 때 힘을 주면 안되고 당길 때 힘을 줘서 당겨야 톱질이 되요."

" 너무 빨리 하려고 하지 말고 쓱싹쓱싹 박자를 맞춰서 잘라보아요."

" 처음에는 톱을 사용하는 것이 무서울 수 있으니까 선생님이 뒤에서 톱을 같이 잡아 줄께요."

활동의 유의점

안전하게 톱질할 수 있는 방법에 대해 사전에 충분히 이야기하고 안전하게 사용할 수 있도록 규칙을 정해준다.

7. 마음대로 잘라봐요

대상연령	· 4-5세
활동목표	· 전동톱을 사용할 수 있다. · 물체의 움직임을 관찰하고 변화에 호기심을 가진다.
누리과정 관련요소	· 자연탐구 > 과학적 탐구 > 도구와 기계 활용하기
생활주제	· 생활도구

활동 자료

전동톱, 나무판

활동 방법

❶ 전동톱의 이용방법에 대해 설명한다.

"여기 보이는 기계는 전동톱이에요."

"이 기계는 나무를 우리가 원하는 모양대로 쉽고 빠르게 잘라 줄 수 있어요."

"우리가 지난 시간에 사용했던 톱으로는 직선밖에 못 자르지만 이 전동톱을 이용하면 곡선도 마음대로 잘라줄 수 있어요."

❷ 교사와 같이 전동톱을 이용해 나무를 잘라본다.

"전동톱은 소리가 크게 나서 좀 무서울 수 있으니 선생님이랑 같이 잘라봐요."

" 손에 너무 힘을 주지 않아도 되요."

" 천천히 나무를 앞으로 밀어주면 되요."

❸ 전동톱이 익숙해지면 혼자서 나무를 잘라본다.

" 이제 선생님 없이 혼자서 한 번 해봐요."

" 아까 선생님이 이야기 한 것처럼 천천히 하면 되요."

" 자기가 만들고 싶은 모양으로 맘대로 잘라봐요."

4장

활동의 유의점

되도록 무른 나무를 준비해서 전동톱에 익숙해지도록 충분히 연습한다.

8. 선을 따라 잘라봐요

대상연령	· 4–5세
활동목표	· 전동톱을 능숙하게 사용할 수 있다. · 물체의 움직임을 관찰하고 변화에 호기심을 가진다. · 자연과 주위 환경에서 볼 수 있는 움직임에 관심을 가지고 살펴본다.
누리과정 관련요소	· 자연탐구 > 과학적 탐구 > 도구와 기계 활용하기 · 예술경험 > 심미적 탐색 > 미술적 요소 탐색하기
생활주제	· 생활도구

활동 자료

전동톱, 나무판, 자, 연필

활동 방법

❶ 연필과 자를 이용해 나무판에 선을 그려준다.

"전동톱이 익숙해 졌으면 이제는 우리가 원하는 모양대로 잘라 볼거에요."

"자신이 잘라보고 싶은 모양을 그려주세요."

"너무 작게 그리면 자르기 어려우니 익숙해 질 때까지는 그림을 크게 그려주세요."

❷ 전동톱을 이용해 그려놓은 선대로 따라서 잘라본다.

"전동톱을 이용해 자신이 그려놓은 선을 따라서 잘라보세요."

❸ 직선이 익숙해지면 곡선도 그려서 잘라본다.

활동의 유의점

되도록 무른 나무를 준비해서 전동톱에 익숙해지도록 한다.

9. 구멍을 뚫어 보아요

대상연령	· 4-5세
활동목표	· 손드릴을 능숙하게 사용할 수 있다. · 물체의 움직임을 관찰하고 변화에 호기심을 가진다. · 자연과 주위 환경에서 볼 수 있는 움직임에 관심을 가지고 살펴본다
누리과정 관련요소	· 자연탐구 > 과학적 탐구 > 도구와 기계 활용하기
생활주제	· 생활도구

활동 자료

손드릴, 나무판, 자, 연필

활동 방법

❶ 연필과 자를 이용해 나무판에 점을 표시해 준다.

"자신이 구멍내고 싶은 곳에 점을 표시해 주세요."

❷ 손드릴을 이용해 구멍을 뚫어본다.

"자신이 그려놓은 점에 손드릴 끝을 대고 여기 손잡이를 돌려보세요."

"손잡이를 돌리면 드릴이 돌면서 내려가 구멍이 뚫릴거에요."

"혼자서 힘들면 선생님이 도와줄게요."

활동의 유의점

되도록 무른 나무를 준비해서 손드릴에 익숙해지도록 한다.

손드릴을 얼만큼 돌려주느냐에 따라 구멍의 깊이를 조절할 수 있다.

4장

woodworking

3 응용 목공활동

1. 점이 모이면 I
2. 점이 모이면 II
3. 현판만들기
4. 카프라
5. 도미노
6. 주사위
7. 나무로 만든 액자
8. 퍼즐
9. 냄비받침
10. 움직이는 자동차
11. 색팽이
12. 보물상자
13. 우리집
14. 기차 세상을 잇는 다리

1. 점이 모이면 I

대상연령	· 3-5세
활동목표	· 못 박기의 기초 기술을 익힌다. · 점과 점을 연결하면 선이 됨을 이해한다.
누리과정 관련요소	· 자연탐구 > 과학적 탐구 > 도구와 기계 활용하기 · 예술경험 > 심미적 탐색 > 미술적 요소 탐색하기
생활주제	· 생활도구

활동 자료

기본 나무판, 못, 망치, 펜치, 여러 가지 색과 재질의 털실, 가위, 연필

활동 방법

❶ 준비된 나무판에 연필로 못 박을 곳을 표시한다.

"나무판에 못을 박고 싶은 곳을 표시해보자."

"나중에 실을 연결해야 하니까 못은 너무 촘촘하게 박히지 않도록 간격을 넓게 표시해 주세요."

❷ 점을 표시한 곳에 못을 박는다.

"연필로 표시한 곳에 못을 박아보자."

"못은 완전히 깊게 박는 것이 아니라 1cm정도 길이를 남겨두고 박아주세요."

❸ 못과 못을 실로 연결한다.

"1cm정도 남겨둔 못과 못 사이에 실을 연결해 모양을 완성해보자"

"다양한 색의 실을 이용해 여러 가지 방법으로 실을 연결할 수 있어요."

❹ 점과 점을 연결하면 선이 됨을 이해한다.

"못을 박은 곳들은 점이고 이 점과 점을 연결하면 선이 될 수 있어요."

"못과 못을 연결해 선으로 연결된 실의 모양을 보고 연상되는 재미있고 독특한 제목을 붙여보자."

활동의 유의점

여러 가지 색상과 굵기의 다양한 실을 사용할 수 있다.

2. 점이 모이면 II

대상연령	· 4-5세
활동목표	· 못 박기의 기초 기술을 익힌다. · 독창적인 표현능력을 기른다.
누리과정 관련요소	· 자연탐구 > 과학적 탐구 > 도구와 기계 활용하기 · 예술경험 > 심미적 탐색 > 미술적 요소 탐색하기
생활주제	· 생활도구

활동 자료

기본 나무판 , 망치, 펜치, 색실, 못, 가위, 물감과 붓, 매직, 연필

활동 방법

❶ 나무판에 자유롭게 그림을 그린다.

"나무판에 자기가 표현하고 싶은 것을 마음대로 그려보자."

"밑그림에 못을 박을 위치도 같이 표시해 보자."

❷ 색을 칠한다.

"못을 박기 전에 밑그림에 색을 칠해보자."

"연결할 실의 색도 생각하면서 색을 칠해보자."

❸ 그림 주위에 못을 박고 못과 못을 실로 연결한다.

"못 박을 곳을 표시해 보자."

"못을 박을 부분 표시한 곳에 못을 박아보자."

"못과 못을 실로 연결해 선을 만들어 보자."

❹ 완성 후 자신이 독창적으로 꾸민 작품에 대해 이야기 나눈다.

"자신이 만든 작품에 제목을 지어보세요."

4장

스트링아트란?

직선만을 사용하여 곡선 형태의 선을 만들어 예술을 하는 것을 말하는 것으로 '라인디자인', '직선미술'이라고 말한다. 도형안에 규칙적인 점을 찍어 모든 점들을 연결시켜 곡선을 만들거나 착시현상을 일으키는 것이다. 점으로 이루어진 원이나 사각형 같은 도형의 점들을 일정한 규칙에 따라 선으로 연결하면 선들이 모여서 곡선이 된다.

3. 현판 만들기

대상연령	· 3–5세
활동목표	· 망치, 톱을 이용할 수 있다. · 여러 가지 재료와 도구를 활용하여 자유롭게 만들고 꾸며본다.
누리과정 관련요소	· 신체운동·건강 > 신체활동 참여 > 여러 가지 기구를 이용하여 신체활동하기 · 자연탐구 > 과학적 탐구 > 도구와 기계 활용하기 · 의사소통 > 쓰기 > 쓰기에 관심가지기 · 예술경험 > 예술적 표현하기 > 미술활동으로 표현하기
생활주제	· 생활도구 · 어린이집과 친구 · 나와 가족

활동 자료

톱, 바이스, 사포, 망치, 못, 싸인펜, 매직, 목공용 본드

나무판: 150cm(가로) × 70cm(세로)× 3cm(두께), 나무막대

활동 방법

❶ 현판이 무엇인지 이야기를 나눈다.

"현판은 글자나 그림을 새겨 문 위나 벽에 다는 널조각을 말해요."

"이 시간에는 현판을 만들어 볼거에요."

"여기 나무판에 무엇을 적어 넣어볼까요?"

❷ 이야기 나누기를 한 후 유아들이 원하는 문구를 나무판에 적는다.

❸ 나무막대를 적당한 크기로 자른다.

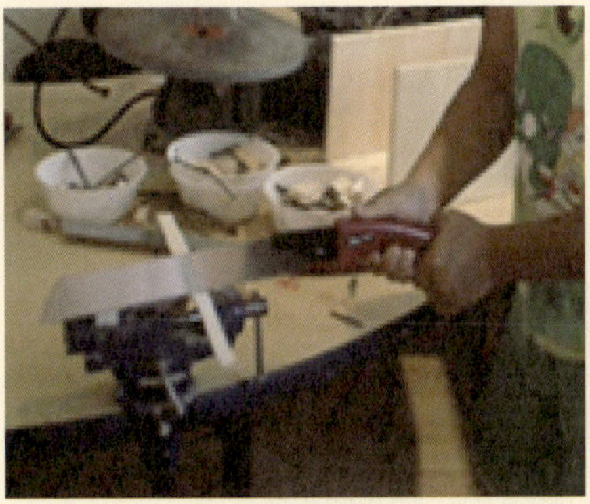

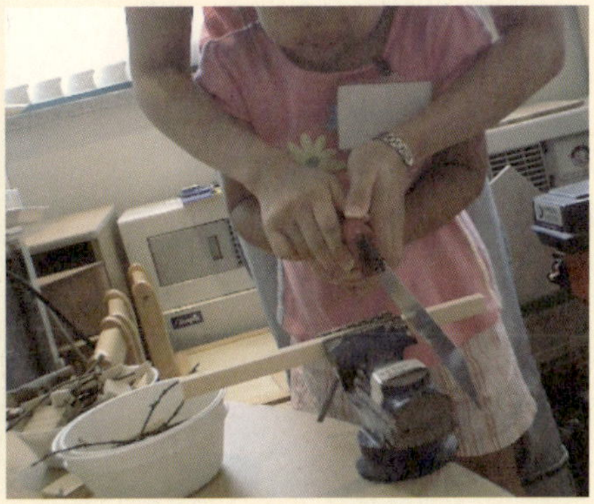

❹ 나무조각을 현판의 글씨 위에 올려놓고 목공용 본드로 임시 고정한 후 못을 박아 고정시킨다.

❺ 고정시킨 나무 조각에 색칠을 하거나 자유롭게 꾸민다.

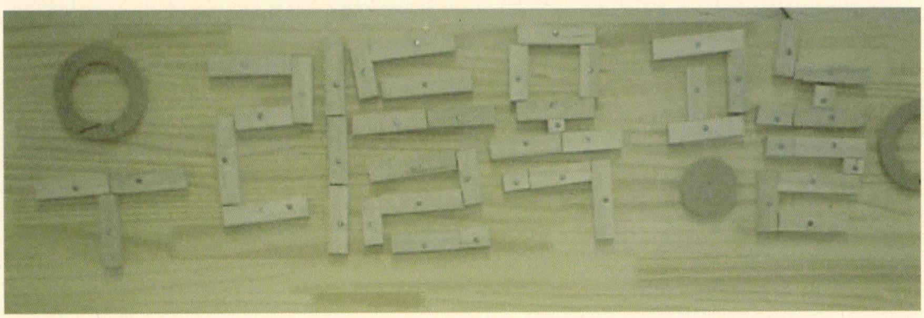

❻ 완성된 현판을 읽어본다.

"현판을 읽어볼까요?"

활동의 유의점

다양한 크기와 모양의 나무판을 준비한다.

확장 활동

· 활동은 소그룹으로 진행할 수도 있고 각자 개인별로 자기 이름표나 문패를 만들어 볼 수 있다.

· 나무막대가 아니라 주변의 나뭇가지를 이용해서 만들 수도 있다.

4. 카프라

대상연령	· 3-5세
활동목표	· 톱을 익숙하게 사용할 수 있다. · 여러 가지 재료와 도구를 활용하여 자유롭게 만들고 꾸며본다.
누리과정 관련요소	· 신체운동·건강 > 신체활동 참여 > 여러 가지 기구를 이용하여 신체활동하기 · 자연탐구 > 과학적 탐구 > 도구와 기계 활용하기
생활주제	· 생활도구 · 유치원과 친구

활동 자료

톱, 바이스, 사포, 카프라 막대, 연필, 자

활동 방법

1 카프라 조각을 보여주고 이야기 나눈다.

"이 조각으로 뭘 할 수 있을까?"

"이 조각 여러 개를 가지고 무엇을 만들 수 있을까?"

"이런 조각을 여러 개 만들어 우리 같이 작품을 만들어 보자."

❷ 카프라 막대를 바이스로 테이블에 고정시킨 후 일정한 길이로 자른다.

❸ 잘라논 카프라 조각의 거친 부분을 사포로 문질러 준다.

④ 카프라 조각들을 많이 만들어 놀이를 한다.

"우리가 잘라 논 조각을 높게 쌓아보자."

"무너지지 않게 높게 쌓을려면 어떻게 해야할까?"

"팀을 나눠서 어떤 팀이 높게 쌓는지 게임을 해보자."

활동의 유의점

되도록 많은 수의 조각이 나올 수 있도록 하는 것이 재미있게 놀이를 즐길 수 있는 방법이다.

4장

확장 활동

많은 수의 카프라 조각을 가지고 협동해서 성을 만들어 보자.

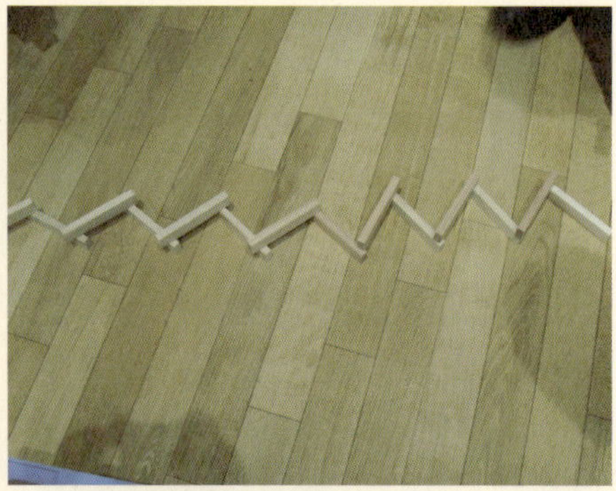

카프라

카프라kapra는 네덜란드어에서 유래된 것으로 요술이라는 뜻의 “kabouter”과 판자라는 뜻의 “plankjes”가 합쳐져 요술판자라는 뜻을 가졌다. 요술판자는 한 가지 크기와 모양의 원목 나무판자로 수많은 모형을 만들어내는 것이 요술을 부리는 것 같다하여 붙여진 이름이다.

카프라는 조립이 아닌 구축의 원리가 적용된 것으로 붙이거나 끼워서 만들지 않고, 오직 무게중심과 힘의 분산, 중력의 원리에 의해 차곡차곡 쌓아가는 활동으로 논리수학적 지능을 발달 시킬 뿐 아니라 문제해결력이 발달된다. 또 교구를 구성하면서 눈과 손의 협응력과 소근육발달과 교구를 쓰러뜨리지 않고 정교하게 구성하고 놀이에 흥미를 갖는 동안 집중력이 발달될 수 있다. 특히 카프라는 교구 자체가 폭과 넓이, 그리고 길이가 3:5:15의 비율을 지니고 있어 외관상으로 아름다운 완성에 이르게 하고, 비율의 홀수 진행은 무한한 조형미를 나타낼 수 있는 특징을 갖고 있다.

카프라는 그냥 단순한 장난감이 아니라 유아나 아동에게는 교육과 놀이 용도로, 성인에게는 놀이와 두뇌훈련 및 여가용으로 활용할 수 있는 기구이다.

출처: http://www.montessori.co.kr

4장

5. 도미노

대상연령	· 3-5세
활동목표	· 톱을 익숙하게 사용할 수 있다. · 자연과 주위 환경에 있는 조형적 형태에 관심을 가지고 접해 본다.
누리과정 관련요소	· 신체운동·건강 > 신체활동 참여 > 여러 가지 기구를 이용하여 신체활동하기 · 자연탐구 > 과학적 탐구 > 도구와 기계 활용하기
생활주제	· 생활도구 · 유치원과 친구

활동 자료

톱, 바이스, 사포, 도미노 막대, 연필, 자

활동 방법

❶ 도미노 조각을 보여주고 이야기 나눈다.

"이 조각으로 뭘 할 수 있을까?"

"이 조각 여러 개를 가지고 무엇을 만들 수 있을까?"

"이런 조각을 여러 개 만들어 우리 같이 재밌게 놀아 보자."

❷ 만들고자 하는 도미노 크기로 표시하고 도미노 크기에 맞게 톱으로 자른다.

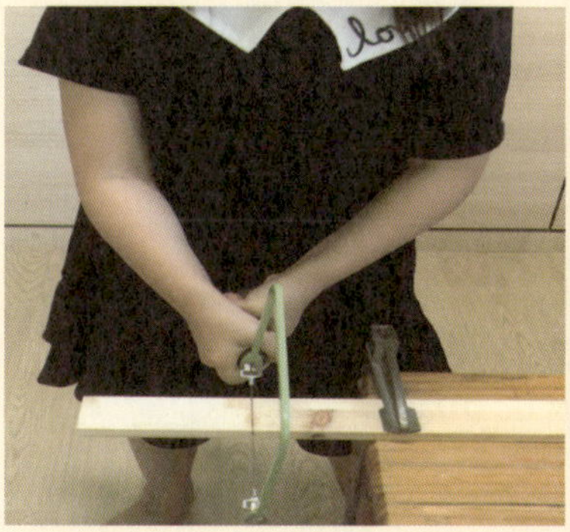

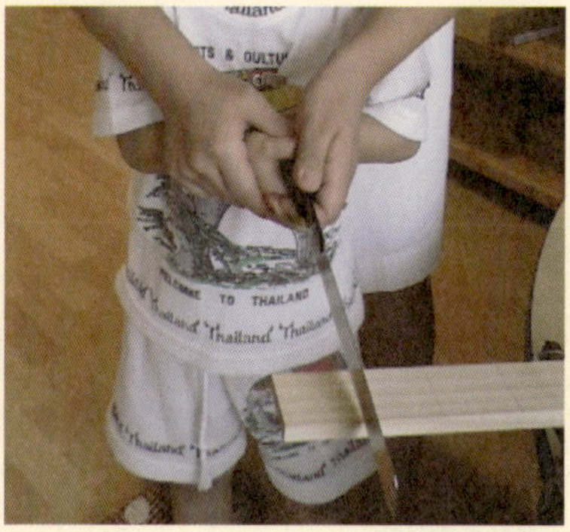

❸ 도미노 조각의 거친 부분을 사포로 문지른다.

❹ 도미노를 완성해 직선, 물결모양 등으로 다양하게 배열해 본다.

활동의 유의점

· 톱질할 때 지그를 사용하면 톱날이 옆으로 빗나가지 않도록 해준다.

6. 주사위

대상연령	· 3-5세
활동목표	· 일상생활에서 사용하는 도구와 기계에 관심을 가진다. · 톱을 익숙하게 사용할 수 있다.
누리과정 관련요소	· 신체운동·건강 > 신체활동 참여 > 여러 가지 기구를 이용하여 신체활동하기 · 자연탐구 > 수학적 태도 > 수개념 형성하기 · 자연탐구 > 과학적 탐구 > 도구와 기계 활용하기
생활주제	· 생활도구 · 유치원과 친구

활동 자료

톱, 바이스, 사포, 주사위용 막대, 연필, 자

활동 방법

❶ 주사위 모양으로 자른 조각을 보여주고 이야기 나눈다.

"이것으로 뭘 할 수 있을까?"

"주사위를 만들어 게임을 해 보자."

❷ 주사위 막대를 직각자를 활용하여 동일한 크기(정육면체가 되도록)가 되도록 연필로 표시한다.

"주사위를 만드려면 무엇을 제일 먼저 해야할까?"

"주사위는 정육면체로 이루어졌으니 가로, 세로, 높이가 같게 연필로 표시해보자."

❸ 주사위 막대를 바이스로 고정시키고 표시된 부분을 따라 톱질한다.

❹ 톱질하여 잘린 주사위 조각의 거친 부분을 사포로 문질러 부드럽게 해준다.

❺ 매직으로 점을 찍어 주사위를 완성한다.

4장

활동의 유의점

· 1~6까지의 숫자가 겹치지 않게 적는다.

· 주사위에서는 1과 6, 2와5, 3과 4가 마주 보도록 표시해준다.

확장 활동

자신이 만든 주사위를 이용해 게임을 해 볼 수 있도록 활동을 계획한다.

주사위

주사위의 역사

인류 역사에 언제 주사위가 처음 등장했는지는 확실하지 않지만 이집트에서는 이미 기원전 10세기 이전에 상아나 동물의 뼈로 된 주사위가 있었다. 주사위는 발굽이 있는 동물의 관절 뼈(거의 정사면체 모양)로부터 발전한 것으로 추정되며, 역사시대 이전부터 사용되고 있었다.

주사위놀이는 역사적으로 다양하게 사용되었다. 기원전 49년에 율리우스 카이사르가 루비콘 강을 건너 로마로 진격할 때 "주사위는 던져졌다."라고 선언한 이야기는 유명하다. 이후 주사위는 여러 나라의 전통놀이에 사용되었다.

한국에서는 승경도 놀이에 윤목이라는 이름의 5개의 면을 가진 주사위가 사용되었으며, 정6면체 주사위를 쓰는 '쌍륙'이라는 놀이가 대중화되기도 하였다.

주사위의 종류

주사위에는 여러 종류가 있으나 크게 재질과 눈의 모양, 눈의 배열에 따라 구분된다. 주사위의 재질로서는 목재, 상아제, 플라스틱제가 있으나 현대에는 주형으로 쉽게 제조할 수 있는 플라스틱제가 일반적이다.

주사위의 눈의 모양

주사위의 눈은 정육면체 주사위에서 숫자가 아닌 경우를 사용하는 일이 많은데, 이 경우 주사위는 주로 두 종류가 있다. 한국에서 보통 판매되거나 한국에서 파는 보드게임들 속의 주사위는 아시아형 주사위이다. 일반적으로 주사위의 눈은 음각으로 새겨지기 때문에 약간의 확률이 변화 할 수 있다. 카지노형 주사위는 구별을 하지 않기 위하여, 모퉁이를 둥글게 하지 않은 정확한 정육면체로 만든 뒤에 얇게 눈을 새기고, 같은 밀도를 가진 페인트로 채운다.

주사위의 위쪽과 아래쪽이 있는 주사위의 경우 마주보는 면의 눈은 보수가 되어야 한다. 즉, 1~6이 써진 정육면체 주사위에서는 1과 6, 2와 5, 3과 4가 마주보고 있다. 주사위 눈의 배열은 두 종류로 구분된다. 1, 2, 3이 새겨진 눈을 볼 때 시계방향인지, 반시계방향인지에 따라 구별된다. 시계방향을 왼손, 반시계를 오른손 주사위로 구별하는데, 서양의 표준은 오른손, 동양은 보통 왼손이다.

특이한 주사위

이론적인 주사위는 모든 면의 확률이 같아야 한다. 이를 만족하는 주사위로는 정다면체인 주사위가 대표적이다. 여기서 정사면체인 주사위는 윗면이 없는 점에서 특이하다. 이를 해소하기 위하여 여기처럼 삼각형의 꼭지점에 번호를 적거나, 아니면 가려진 바닥면의 수를 사용하기도 한다. 다른 준정다면체의 쌍대인 카탈란 다면체(Catalan solid), 쌍각뿔, 엇각쌍뿔은 이론적으로 주사위로 사용할 수 있다.

특이한 주사위로서 안압지에서 출토된 목제주령구의 경우와 같이 준정다면체의 면의 크기를 조절하여 확률을 비슷하게 한 경우가 있다.

주사위 눈이 특이한 주사위가 있다. 눈에 쓰여져 있는 숫자가 일반적이지 않은 주사위의 예로는 백개먼에서 사용되는 주사위가 있는데, 2의 거듭제곱으로 되어 있다. 이외에도 지허만 주사위로 불리는 두쌍의 주사위가 있는데, 그 눈은 각각 1, 2, 2, 3, 3, 4 와 1, 3, 4, 5, 6, 8이다. 두쌍의 주사위에 있는 숫자의 합의 확률은 일반적인 주사위와 같다. 숫자 이외가 사용된 경우로는 벌칙을 적어 놓은 위의 목제주령구가 대표적이다.

[그림 4-18] 특이한 주사위

[그림 4-19] 목제주령구

목제주령구

목제주령구는 경주 안압지에서 출토된 주사위로 원본은 건조기 작동 실수로 과열되어 불에 타 소실된 상태이다. 준정다면체의 면의 크기를 조절하여 확률을 비슷하게 하였으며, 육각형의 긴 변과 짧은 변의 비율은 41:25이다. 각 면에는 한자로 벌칙이 적혀 있는데, 주사위를 돌아가며 던지며 벌칙을 수행하였다.

출처: https://ko.wikibooks.org/

7. 나무로 만든 액자

대상연령	· 3–5세
활동목표	· 여러 가지 재료와 도구를 활용하여 창의적으로 만들어 꾸며본다
누리과정 관련요소	· 예술경험 > 심미적 탐색 > 미술적 요소 탐색하기
생활주제	· 생활도구

활동 자료

톱, 바이스, 기본 나무판, 여러 크기의 나무조각, 연필, 붓, 물감, 매직, 목공용 본드

활동 방법

❶ 나무조각들을 가지고 이야기를 나눈다.

"우리가 지금까지 나무로 만들기를 하고 남은 나무조각들이에요. 이 조각들은 어떻게 활용하면 좋을까요?"

"이 조각들을 이용해서 뭔가를 만들어 볼 수 있을까요?"

❷ 기본 나무판에 밑그림을 그린다.

"여기 나무판에 원하는 그림을 그려보자."

"여기에 나무조각을 붙여서 표현할 거니까 너무 작게 그리면 표현하기 힘들어요."

❸ 나무조각을 원하는 크기로 자르고 나무조각을 밑그림에 대고 목공용 본드로 붙인다.

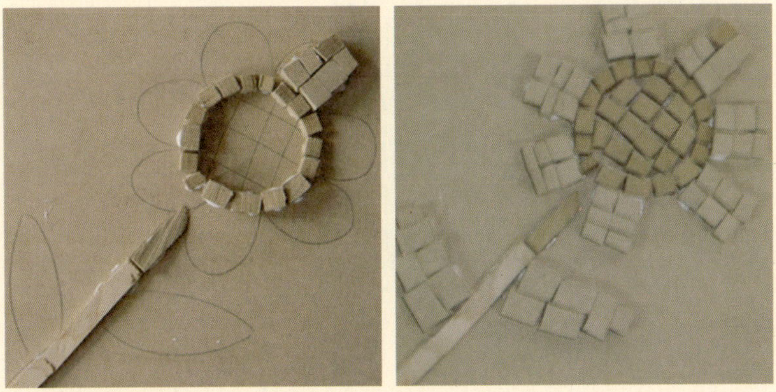

❹ 물감을 칠하여 완성한다.

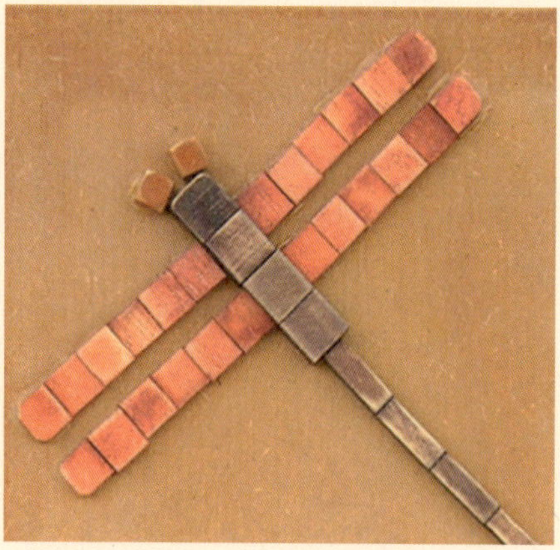

활동의 유의점

다양한 크기와 질감의 나무조각을 준비해준다.

확장 활동

여러 명이 모여서 협동작품을 만들어 본다.

8. 퍼즐

대상연령	· 4-5세
활동목표	· 전동톱을 익숙하게 사용할 수 있다. · 자신의 생각과 느낌을 창의적으로 그려본다. · 물체를 나누어 보고, 부분과 전체를 구별한다.
누리과정 관련요소	· 자연탐구 > 탐구적 태도 > 탐구과정 즐기기 · 예술경험 > 심미적 탐색 > 미술적 요소 탐색하기
생활주제	· 생활도구

활동 자료

전동톱, 사포, 퍼즐판 30cm(가로) × 30cm(세로) × 0.5cm(두께), 유성 매직

활동 방법

❶ 퍼즐판(윗판과 밑판), 전동톱을 준비하고 이야기를 나눈다.

"여기 있는 나무판을 보세요. 이걸로 무엇을 만들 수 있을까요?"

"이 나무판은 왜 이렇게 가운데가 동그랗게 되어 있을까요?"

"이 가운데 동그라미로는 무엇을 할 수 있을까요?"

"이 나무판으로 퍼즐을 만들어 볼거에요. 이 가운데 부분이 퍼즐조각 부분이 될거에요."

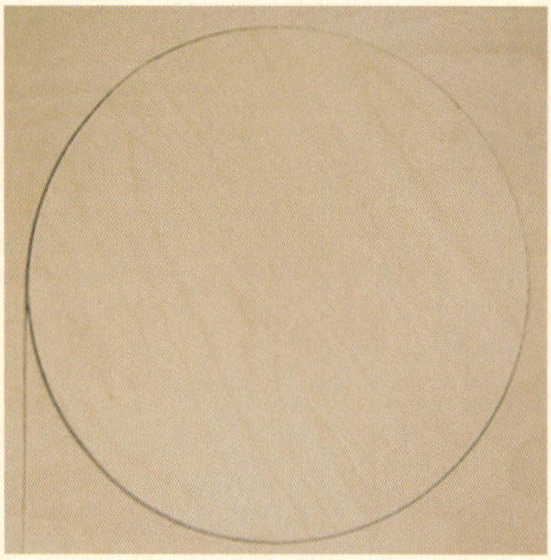

❷ 퍼즐판에 그림을 그린다.

"퍼즐판은 자신이 원하는 모양으로 그려주세요."

"우리가 봤던 동화책의 장면을 그려줘도 되고 친구들이 좋아하는 캐릭터를 그려줘도 되요."

"다 그렸으면 색칠도 예쁘게 해보자."

❸ 전동톱을 사용하여 퍼즐을 작은 조각으로 자른다.

"자신이 그려 놓은 동그란 부분은 퍼즐처럼 조각을 내 볼 거에요."

"친구들이 조각을 작게 여러 조각으로 만들어 주면 더 재미있게 놀 수 있어요."

"다양한 퍼즐 조각이 나올 수 있도록 전동톱으로 잘라봐요."

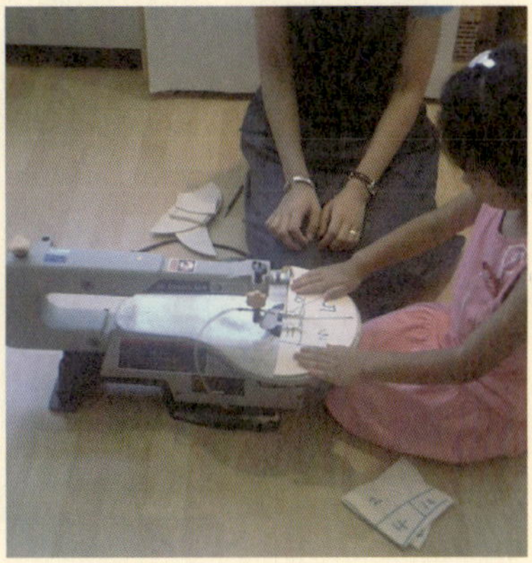

❹ 잘라진 퍼즐 조각을 사포로 매끄럽게 다듬는다.

"잘라논 퍼즐 조각은 사포로 부드럽게 만들어줘야 우리가 가지고 놀 때 다치지 않아요."

❺ 각 조각들을 가지고 퍼즐을 완성한다.

활동의 유의점

전동톱을 사용할 때 톱날이 끊어지지 않도록 주의한다.

9. 냄비받침

대상연령	· 4–5세
활동목표	· 물체의 움직임을 관찰하고 변화에 호기심을 가진다. · 전동톱을 익숙하게 사용할 수 있다.
누리과정 관련요소	· 자연탐구 > 과학적 탐구 > 도구와 기계 활용하기 · 예술경험 > 심미적 탐색 > 미술적 요소 탐색하기
생활주제	· 생활도구 · 나와 가족

활동 자료

기본 나무판, 손톱, 전동톱, 못, 망치, 펜치, 사포, 붓, 물감, 니스

활동 방법

❶ 만들고 싶은 냄비 받침의 모양과 크기를 정하여 종이에 그려본다.

"이번에는 냄비받침을 만들어 볼거에요."

"냄비받침을 만들려면 어떤 부분을 신경써야 할까요?"

"냄비가 올라가야하니까 너무 작게 자르면 안되겠죠."

4장

"냄비가 올라갈 수 있을만큼 크게 그려주세요."

❷ 손톱이나 전동톱을 사용하여 나무를 원하는 모양으로 자른다.

"자기가 그려놓은 냄비받침은 다양한 톱을 이용해서 잘라볼거에요."

"친구들이 사용하고 싶은 톱을 골라보세요."

"직선 부분은 손톱으로 해도 되는데 곡선부분은 전동톱으로 하는 것이 쉬울 거에요."

"어려운 부분은 선생님이 도와줄거니까 걱정하지 말고 잘라보세요."

❸ 나무판을 받칠 수 있는 나무 토막을 2-4개 잘라 나무판에 못으로 고정한다.

"냄비받침을 만들려면 나무판을 받칠 수 있는 나무토막이 필요해요."

"원하는 크기로 2-4개 정도 잘라주세요."

"잘라논 나무토막은 못을 박아 고정해주세요."

❹ 니스칠하고 색을 칠하거나 이름을 적어 완성한다.

활동의 유의점

냄비받침의 모양은 너무 작거나, 너무 복잡하지 않게 그려질 수 있도록 지도한다.

10. 움직이는 자동차

대상연령	· 4-5세
활동목표	· 전동톱을 익숙하게 사용할 수 있다. · 물체의 움직임을 관찰하고 변화에 호기심을 가진다. · 자연과 주위 환경에서 볼 수 있는 움직임에 관심을 가지고 접해본다.
누리과정 관련요소	· 자연탐구 > 과학적 탐구 > 도구와 기계 활용하기 · 예술경험 > 심미적 탐색 > 미술적 요소 탐색하기
생활주제	· 생활도구 · 교통기관

활동 자료

바이스, 드릴프레스, 전동톱, 기본 나무판, 목봉, 종이, 연필, 매직, 싸인펜

활동 방법

❶ 새로운 자동차를 상상해 보고 이야기를 나눈다.

"지금까지 누구도 타보지 못한 새롭고 특별한 자동차를 만들어 보면 어떨까?"

"어떤 모양의 자동차를 만들어 볼까요?"

❷ 자신이 만들어 보고 싶은 자동차의 밑그림을 그려보고 나무판에 옮겨 그린다.

"그려놓은 밑그림을 나무판에 옮겨 그려보자."

"어떻게 하면 좀더 쉽게 나무판에 옮겨 그릴 수 있을까?"

"나무판에 그린 그림과 밑그림이 최대한 비슷하게 그려질 수 있도록 해보자."

❸ 전동톱으로 자동차의 모양대로 자르고 사포질한다.

"그려놓은 자동차 모양대로 전동톱으로 잘라보자."

"전동톱을 이용할 때는 되도록 천천히 해야해요."

"선생님이 같이 도와줄거니까 겁내지 않아도 되요."

"전동톱으로 잘라 논 부분은 사포를 이용해서 부드럽게 만들어 주세요."

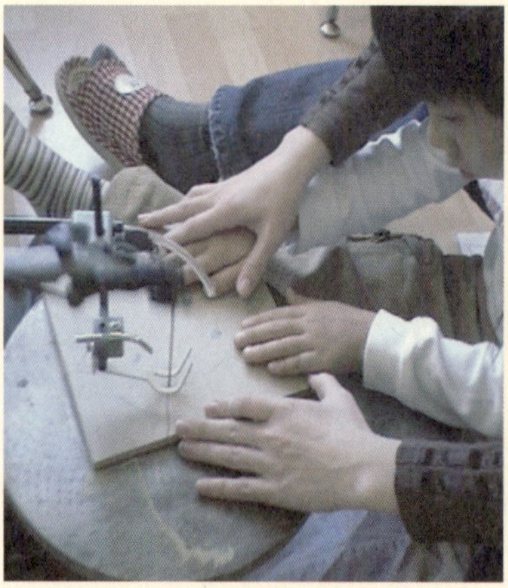 

❹ 목봉으로 바퀴 축을 만든다.

"바퀴가 움직이려면 가운데 축을 만들어 줘야해요."

"여기 있는 목봉을 이용해서 가운데 축을 만들어 줄거에요."

"이 축에 바퀴를 끼워주면 바퀴가 움직일 수 있어요."

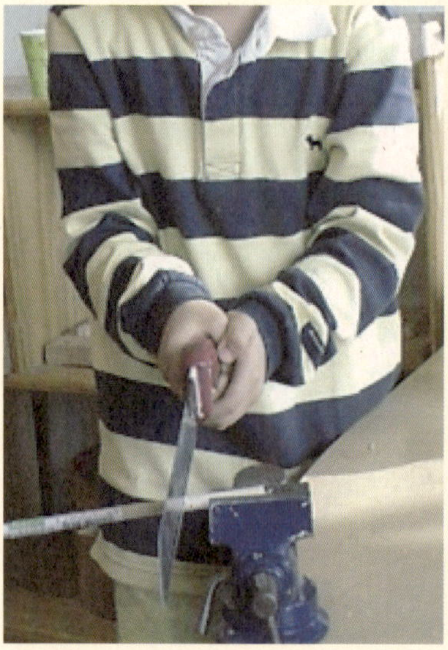 

❺ 바퀴를 만들고 가운데 구멍을 뚫는다

"바퀴가 잘 굴러가려면 바퀴가 동그랗게 만들어져야 해요."

"아까 만들어 놓은 축을 끼워줄 수 있도록 바퀴 가운데 구멍을 뚫어줄거에요."

❻ 자동차와 바퀴를 바퀴축으로 연결해 자동차를 완성한다.

"바퀴 가운데 뚫어준 구멍에 축이 될 나무 막대를 끼워주고 나무망치로 두들겨 주면 바퀴부분이 완성이 되요."

"전동톱으로 잘라논 자동차에 바퀴를 끼워 자동차를 완성해 볼거에요."

"바퀴를 만들기 힘들면 주변에 동그란 물체를 이용할 수 있어요."

"바퀴로 사용할 수 있는게 뭐가 있을까?."

4장

활동의 유의점

바퀴는 주변의 다양한 재료로 대체 가능하다.

11. 색팽이

대상연령	· 3-5세
활동목표	· 다양한 도구를 이용한 움직임을 탐색해 본다. · 일상생활에서 일어나는 흥미 있는 상황에 호기심을 가진다.
누리과정 관련요소	· 자연탐구 > 탐구적 태도 > 탐구과정 즐기기 · 예술경험 > 심미적 탐색 > 미술적 요소 탐색하기
생활주제	· 생활도구

활동 자료

톱, 바이스, 드릴프레스, 전동톱, 지그, 색팽이 나무판, 붓, 물감, 실, 가위

활동 방법

❶ 팽이에 대해 이야기 나눈다.

"오늘은 팽이를 만들어 볼거에요."

"오늘 우리는 실을 이용해 돌아가는 동그란 팽이를 만들어 볼거에요."

4장

❷ 나무판을 정사각형으로 자르고 대각선을 그어 중심을 잡는다.

"동그란 팽이를 만들기 위해서 나무를 잘라볼거에요."

"여기 있는 나무판을 정사각형으로 잘라주세요."

"동그라미를 만들기 위해서는 사각형에 중심을 잡아줘야해요."

"가운데 중심을 잘 잡아줘야 동그라미를 만들어 줄 수 있어요."

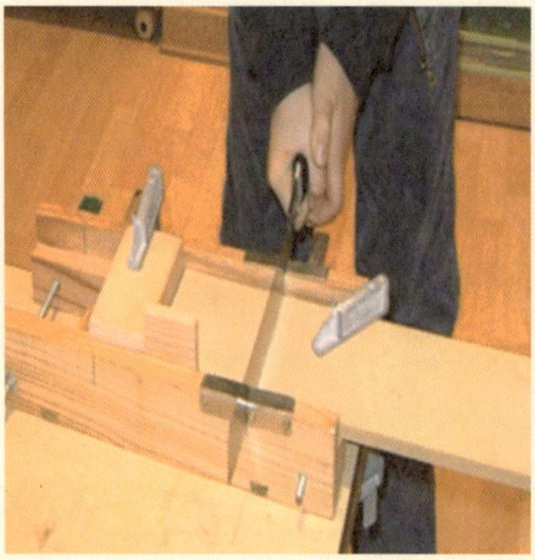

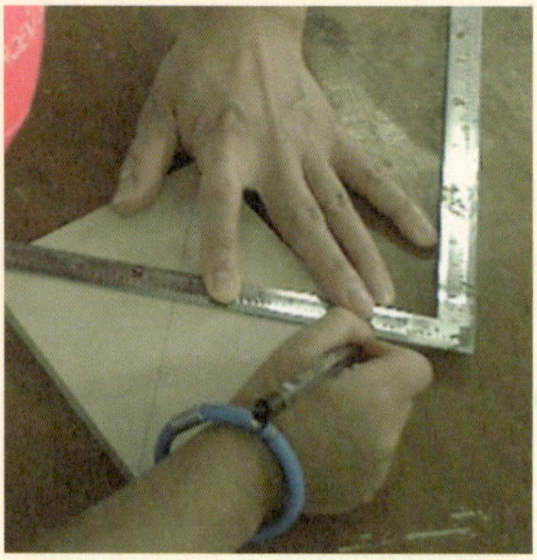

❸ 드릴프레스로 구멍을 뚫고 가운데 중심에 맞추어 원으로 자른다.

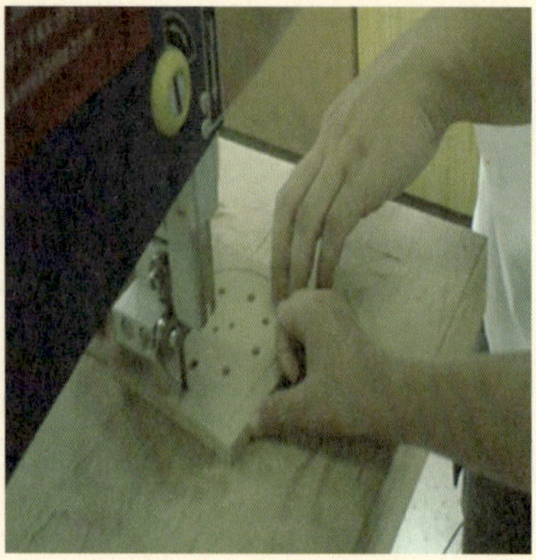

❹ 사포로 다듬고 색을 칠해준다.

❺ 팽이에 실을 끼워 완성한다.

❻ 팽이를 돌려 보세요.

활동의 유의점

원모양을 만들기 위해서는 가운데 중심을 정확하게 잡아줘야 한다.

12. 보물상자

대상연령	· 3-5세
활동목표	· 여러 가지 조형활동에 필요한 재료와 도구를 접해 본다. · 기본 도형을 이용하여 여러 가지 모양을 구성해 본다.
누리과정 관련요소	· 신체운동·건강 > 신체활동참여 > 여러 가지 기구를 이용하여 신체활동하기 · 자연탐구 > 수학적 탐구 > 공간과 도형개념 형성하기
생활주제	· 생활도구

활동 자료

톱, 바이스, 사포, 나무판 15cm(가로) × 15cm(세로) × 1cm(두께) 6장, 연필, 자, 목공용 본드

활동 방법

❶ 보물상자를 보며주며 몇 장의 나무가 필요한지 이야기를 나눈다.

"오늘 우리가 만들 보물상자에요."

"이 보물상자를 만들려면 몇 장의 나무판이 필요할까요?"

❷ 윗판과 밑판, 4개의 옆판 등 모두 6개의 나무판을 사포로 다듬는다.

❸ 밑판과 옆판을 못을 박아 붙인다.

"상자를 만들기 위해서는 밑판에 옆판을 붙여줘야해요."

"못을 박기 전에 목공용 본드를 이용해 고정해 줄거에요."

"혼자서는 힘드니까 옆에 친구랑 서로 교대로 해봐요."

"한 명이 잡아주고 다른 한 명이 망치질을 해주면 좀더 쉽게 할 수 있어요"

활동의 유의점

목공활동에 익숙해지면 색팽이용 막대나 다른 큰 나무판을 준비해 직접 재단해서 만들어 볼 수 있도록 한다.

13. 우리집

대상연령	· 5세
활동목표	· 집의 구조에 대해서 이해한다. · 공간 및 위치개념의 발달을 돕는다. · 공간 지각력을 기른다.
누리과정 관련요소	· 자연탐구 > 수학적 탐구 > 측정하기 · 자연탐구 > 과학적 탐구 > 도구와 기계 활용하기 · 예술경험 > 예술적 표현 >여러 가지 미술재료 사용하기
생활주제	· 생활도구 · 나와 가족 · 우리 동네

활동 자료

시청각 자료(사진, OHP, 아파트 평면도), 싸인펜, 색연필, A4용지(모눈종이), 필기도구, 나무판(30×50), 나무판(30×10) 2개, 나무판(25×10) 1개, 나무판(50×10) 2개, 톱, 망치, 못, 바이스, 물감, 목공용 본드

활동 방법

❶ 아파트와 주택 사진을 보여주면서 우리가 살고 있는 우리집에 대해 이야기를 나눈다.

"친구들은 어떤 집에 살고 있어요?"

"우리는 아파트나 주택에서 주로 살고 있어요."

❷ 시청각 자료들을 통해 아파트 평면도를 살펴본다.

"이 그림은 뭘까요?"

"여기는 어떤 공간일까?"

"집에서 이 공간은 어떤 일을 하는 곳일까요?"

"엄마에게 필요한 곳은 어떤 곳일까요?"

❸ 우리집은 어떻게 구성되어 있는지 이야기나눈다.

"우리집은 어떻게 구성이 되어있나요?"

"선생님 집은 방 3개, 화장실, 거실, 주방으로 되어있어요."

❹ 자신이 살고 싶은 우리 집의 실내공간을 종이에 그려본다.

"여기 모눈종이에 그리면 좀더 쉽게 그릴 수 있어요."

" 모눈종이에 그려진 크기대로 나무를 준비하면 되요."

❺ 집의 밑판(30×50)과 벽으로 쓸 나무판(30×10)을 준비한다.

❻ 집의 밑판에 벽채를 세운다.

"못이나 접착제를 이용해서 고정시켜 주세요."

"방으로 들어갈 수 있는 '문' 공간은 남겨 주세요."

❼ 방과 방 사이의 벽을 세운다.

"벽을 세우기 위해 적당한 길이로 잘라주세요."

❽ 안방, 거실, 화장실 등 각 방의 기능을 정한다.

❾ 벽과 바닥을 자유롭게 채색한다.

"바닥은 진하게 벽은 연하게 칠하면 안정감있게 될거에요."

활동의 유의점

· 아파트나 주택의 평면도를 참조해서 구체적으로 설계도를 그려볼 수 있도록 한다.

· 완성 후 자신이 독창적으로 만든 우리집에 대해 이야기 나눈다.

확장 활동

· 우리집 안을 꾸밀 수 있는 가구를 만들어 넣어본다.

4장

✓ 평면도 예

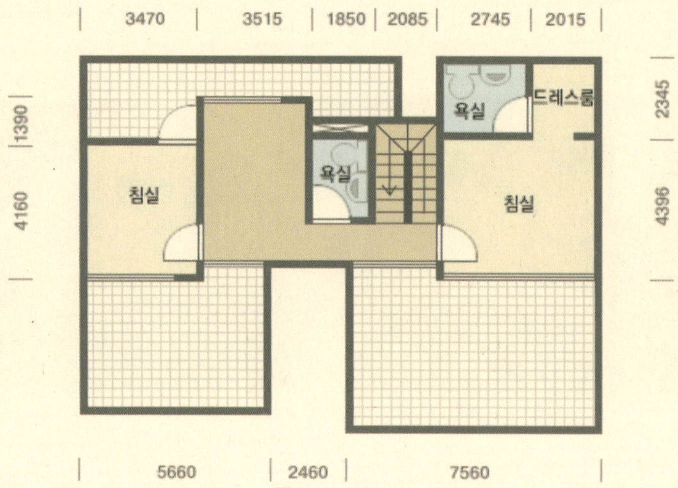

3470
3515
1850
2085
2745
2015
1390
4160
2345
4396
욕실
드레스룸
욕실
침실
침실
5660
2460
7560

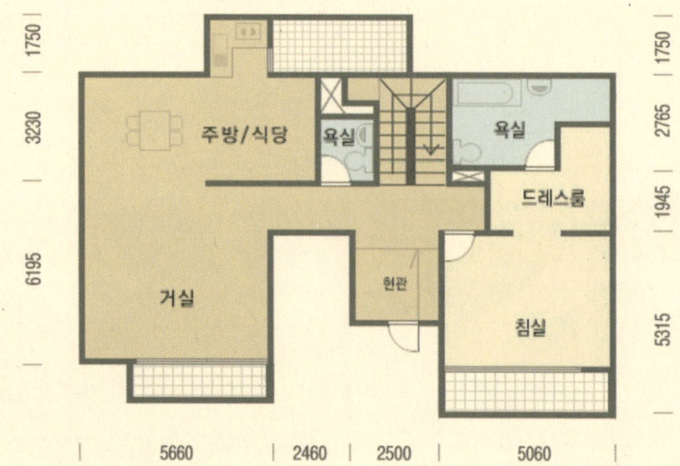

1750
3230
6195
1750
2765
1945
5315
주방/식당
욕실
욕실
드레스룸
현관
거실
침실
5660
2460
2500
5060

14. 기차

대상연령	· 3–5세
활동목표	· 여러 사람이 하는 일에 참여해 봄으로써 협동심을 기른다. · 자연과 주위 환경에 있는 조형적 형태에 관심을 가지고 접해 본다.
누리과정 관련요소	· 신체운동·건강 > 신체활동참여 > 여러 가지 기구를 이용하여 신체활동하기 · 예술경험 > 심미적 탐색 > 미술적 요소 탐색하기
생활주제	· 생활도구 · 교통기관

활동 자료

기차 막대, 다양한 굵기의 목봉, 톱, 바이스, 사포, 망치, 못, 펜치, 드릴프레스, 실, 연결고리, 싸인펜, 매직

4장

활동 방법

❶ 여러 기차 모양을 관찰하고 자신이 만들어볼 기차에 대해 이야기 나눈다.
"다양한 기차 모양을 보았는데 자기가 가장 맘에 드는 기차는 어떤 건가요?"

"세상에 하나밖에 없는 나만의 기차을 만들어 볼 거에요."

"자신만의 기차를 스케치 해보자."

❷ 나무막대를 원하는 크기로 자르고 미리 스케치 된 기차의 모양과 같게 꾸며본다.

"자신이 만들고 싶은 기차를 여기 이 나무토막에 꾸며주세요."

❸ 기차 몸체에 드릴로 구멍을 내고 목봉을 적당한 길이로 자른다.

"움직이는 기차를 만들려면 기차에 구멍을 내줘야 해요."

"자동차를 만들었을 때처럼 축을 넣어줘야 바퀴가 움직일 수 있어요."

④ 큰 목봉을 잘라 바퀴를 만들고 바퀴의 가운데를 드릴프레스로 구멍을 낸다.

⑤ 기차 몸체에 목봉을 끼우고 바퀴를 끼워 준다.

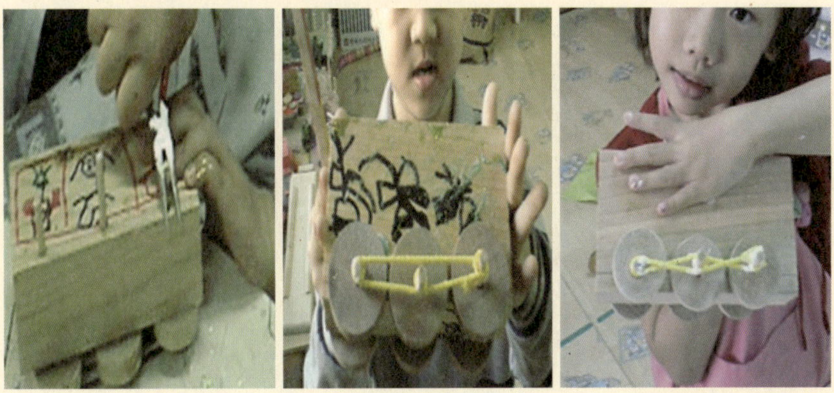

⑥ 연결고리를 이용해 여러개 연결해서 기차를 완성한다.

★ 확장 활동

기차를 만들고 기찻길을 같이 꾸며보는 활동으로 확장할 수 있다.

❶ 기차가 다니는 길, 철로의 사진 자료를 보면서 이야기를 나눈다.

❷ 미리 만든 기차의 폭에 맞추어 철로의 폭을 정한다.

❸ 철로의 폭에 맞추어 백업을 일정한 간격으로 벌려 둔다.

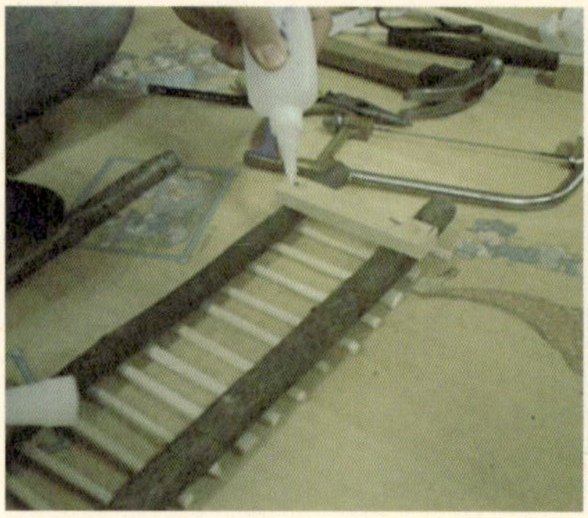

❹ 백업 위로 침목이 얹혀질 수 있도록 폭을 정한다.

❺ 완성

4장

아는 것이 힘이다.

다양한 기차

15. 세상을 잇는 다리

대상연령	· 3-5세
활동목표	· 주변의 사물과 사건에 관심을 가지고 탐색해 본다. · 기본 도형을 이용하여 여러 가지 모양을 구성해 본다.
누리과정 관련요소	· 자연탐구 > 탐구적 태도 > 탐구과정 즐기기 · 자연탐구 > 수학적 탐구 > 공간과 도형의 기초개념 형성하기 · 예술경험 > 심미적 탐색 > 미술적 요소 탐색하기
생활주제	· 생활도구 · 우리동네 · 교통기관

활동 자료

손톱, 실톱, 사포, 클램프, 다양한 나무토막, 목공용 본드, 붓과 물감, 연필, 다양한 크기의 나무막대, 스케치북, 털실, 수수깡

활동 방법

❶ 시청각 자료를 통해 여러 모양의 다리 사진을 보며 이야기 나눈다.

"이건 무슨 사진들일까요?"

"여기 있는 이 다리와 이 다리는 어떤 점이 다른가요?"

❷ 여러 다리 중 유아가 만들어 보고 싶은 다리에 대해 이야기 나눈다.

"어떤 다리가 가장 마음에 드나요?"

"이 다리의 어떤 점이 마음에 들어요?"

"우리도 이 다리를 나무로 만들어 볼까요?"

❸ 2명씩 한조가 되어 자동차가 다니는 다리 모양을 구상해 종이에 그린다.

"옆에 친구와 함께 어떤 다리를 만들지 이야기 나눠보자."

"옆에 친구와 함께 자기가 만들고 싶은 다리를 한번 그려보자."

❹ 자신이 그려 본 다리를 구성하는 방법에 대해 이야기 나누며 다리를 구성한다.

"우리가 만들고 싶은 다리를 나무로 만들려면 어떻게 해야할까?"

"다리 기둥을 어떻게 만들면 튼튼하게 만들 수 있을까?"

"다리의 이 줄은 어떻게 만들면 좋을까요?"

❺ 그려놓은 그림을 보며 나무를 이용해 다리는 만든다.

❻ 다리의 상판의 길이와 폭을 정하여 나무를 자른다.

❼ 다리의 상판을 지지할 수 있는 교각 크기를 정해 나무를 자른 다음 상판에 고정한다.

❽ 상판에 교탑과 케이블을 연결한다.

4장

❾ 다리 상판에 수수깡과 장식품을 이용해 가로등을 세우거나 꽃 철사, 털실 등으로 장식하여 완성한 후 유아가 구성한 다리에 대해 이야기 나눈다.

"너희들이 만든 다리에 대해 이야기 좀 해줄래?"

"다리를 만드는데 어떤 점이 가장 어려웠어?"

"너네가 만든 다리 중에서 어떤 부분이 가장 마음에 들어?"

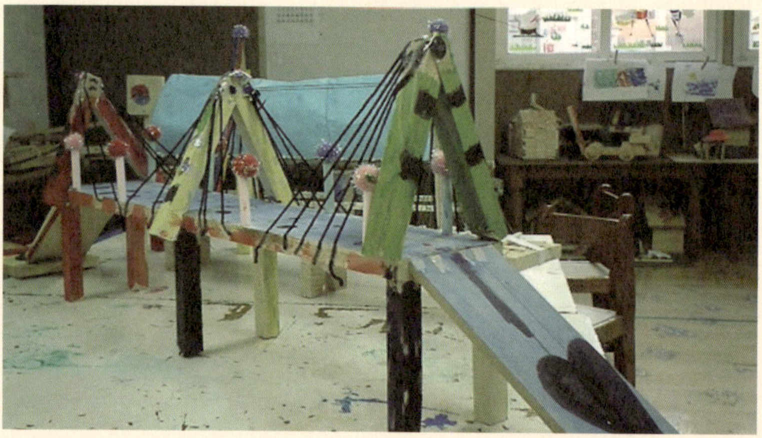

활동의 유의점

다양한 다리 모양 자료를 준비해준다.

확장 활동

- 언어영역 활동으로 계획된 '세계 여러 나라의 다리' 활동과 연결해서 진행하도록 한다.
- 여러 유아들이 다리 구성에 참여하여 다양한 다리 구성물이 완성되면 '세계의 다리 건축물 전시회'를 계획하여 진행해 볼 수 있다.

아는 것이 힘이다.

다양한 다리

1. 유아 목공놀이

[그림1-6] http://blog.naver.com/kidsone_kiei/220382996084

3. 목공도구 사용하기

[그림3-13] http://namuggum.firstmall.kr/goods/view?no=44

4. 뚝딱뚝딱 유아목공

[그림4-1] http://blogfiles.naver.net/20131118_67jiknn_13847053179724F5Up_JPEG/03.jpg

[그림4-2] http://cfile202.uf.daum.net/image/205ACB3E4F6C58642F29E7

[그림4-3] http://pds84.cafe.daum.net/image/12/cafe/2008/08/26/19/05/48b3d5688db7e

[그림4-4~7] 두산백과

[그림4-8~13] 산림청 매거진

[그림4-14] http://blog.daum.net/schong369/8636465

[그림4-15] 한 권으로 끝내는 교과서 실험관찰 5, 6학년

[그림4-16~17] 나무신문(2015.03.09)

[그림4-18~19] https://namu.wiki

재미있는 유아 목공활동

지은이 이영환, 이수재, 황신해
펴낸이 이남호
펴낸곳 소리내

초판 1쇄 인쇄 2017. 6. 20
초판 1쇄 발행 2017. 6. 26

소리내 전라북도 전주시 완산구 어진길 32 (풍남동2가)
전화 (063) 219-5321~2
FAX (063) 219-5323
출판등록 2012년 8월 20일 제465-2012-000021호

값 16,000원

ISBN 979-11-87892-34-2 73600

이 도서의 국립중앙도서관 출판예정도서목록(CIP)은 서지정보유통지원시스템 홈페이지(http://seoji.nl.go.kr)와 국가자료공동목록시스템(http://www.nl.go.kr/kolisnet)에서 이용하실 수 있습니다. (CIP제어번호 : CIP2017013749)

· **소리내**는 전북대학교출판문화원의 임프린트입니다.